魅力无限的

美丽国家

张哲◎编

时代出版传媒股份有限公司
安徽科学技术出版社

图书在版编目（CIP）数据

魅力无限的美丽国家/张哲编. —合肥：安徽科学技术
出版社，2012.11
（最令学生着迷的百科全景）
ISBN 978-7-5337-5513-3

Ⅰ.①魅… Ⅱ.①张… Ⅲ.①世界－概况－青年读物②
世界－概况－少年读物 Ⅳ.①K91-49

中国版本图书馆 CIP 数据核字（2012）第 050327 号

魅力无限的美丽国家   张哲　编

出 版 人：黄和平　　　　责任编辑：张 硕　　　　封面设计：李 婷
出版发行：时代出版传媒股份有限公司　http://www.press-mart.com
　　　　　安徽科学技术出版社　　　　http://www.ahstp.net
　　　　　（合肥市政务文化新区翡翠路 1118 号出版传媒广场，邮编：230071）
印　　制：合肥杏花印务股份有限公司

开本：720×1000　1/16　　　印张：10　　　字数：200 千
版次：2012 年 11 月第 1 版　　印次：2023 年 1 月第 2 次印刷

ISBN 978-7-5337-5513-3　　　　　　　　　　　　定价：45.00 元

前言

悠悠岁月,古老的星球,承载着人类的世代繁衍,铭刻着人类成长的文化印记。几乎在世界各地,我们都能找到那令人陶醉的美丽国度。21世纪,人与人之间的时空距离骤然缩短,整个世界变成了一个地球村,人们变得更加渴望了解外界甚至整个世界。

在本书中,我们精选了亚洲、欧洲、非洲、北美洲、南美洲、大洋洲六大洲的一百个最美丽的国家。语言生动活泼,图片精美绝伦,主题健康明快,它会引领你进行一次奇妙的环球旅行:泛舟于浪漫的蓝色多瑙河之上,聆听那来自音乐之邦奥地利最美妙的音乐;徜徉在蒙古广阔而又荒芜的戈壁滩上,了解远古时期的恐龙;在世界最低的地方,体验无比美妙的死海浴;置身白色之城卡萨布兰卡,感受北非花园摩洛哥的古典和优雅;领略全球著名的购物天堂——西半球最大的科隆自由贸易区的繁华;品尝名贵的牙买加蓝山咖啡;观看爱尔兰热情奔放、旋律优美的踢踏舞……历史悠久的名胜古迹,丰富多彩的民族风俗和乡土人情,旖旎动人的自然风光,一定会让你流连忘返,乐不思蜀!

CONTENTS

目录

CONTENTS

 欧　洲

魅力无限的 美丽国家

魅力无限的 美丽国家

CONTENTS

CONTENTS

大洋洲

魅力无限的 美丽国家

亚 洲

　　亚洲全称"亚细亚洲"，意为"太阳升起的地方"。它东濒太平洋，南临印度洋，北濒北冰洋，西达大西洋的属海地中海和黑海。面积4 400万平方千米，是全世界面积最大、人口最多、气候差别最大的一个洲。它地跨寒、温、热三带，在地理上习惯分为东亚、东南亚、南亚、西亚、中亚和北亚。

文明古国——中国

中国是一个美丽的国度,四大文明古国之一。在地图上,中国就像一只威武的雄鸡屹立在世界的东方。它位于亚洲东部,太平洋西岸,领土面积约 960 万平方千米,是亚洲面积最大、世界人口最多的国家。

↑ 黄河

母亲河——黄河

如果把中国比作昂首挺立的雄鸡,那么黄河便是跳动的大动脉。黄河流程达 5 464 千米,是世界上含沙量最多的河流。它汇集了 40 多条主要支流和 1 000 多条溪川,这些支流犹如无数毛细血管,源源不断地为华夏大地输送着活力与生机,因此被称为"母亲河"。

迷人的北京

北京是中国的首都,简称京,这里有许多举世闻名的皇家建筑和皇家园林,最著名的是故宫,它是世界上最大的宫廷建筑,是古代皇帝办公和居住的地方。在故宫的南侧,是天安门广场,每天这里都有成千上万的游客观光。

↓ 天安门

雄伟的万里长城

被誉为世界七大奇迹之一的万里长城，位于中国北部，它东起山海关，西至嘉峪关，全长约 6 700 千米，从东到西，它像一条长龙蜿蜒盘旋在崇山峻岭之上。如果要步行走完长城，至少需要 6 个月的时间。

雄伟的万里长城

知识小笔记

地方小档案

国　　名：中华人民共和国
面　　积：约 960 万平方千米
首　　都：北京

地球之巅——珠穆朗玛峰

珠穆朗玛峰位于中国和尼泊尔两国边界上。它的北坡在我国西藏境内，南坡在尼泊尔境内。珠穆朗玛峰海拔 8 844.43 米，是喜马拉雅山脉的主峰，也是世界上最高的山峰。

珠穆朗玛峰

国宝大熊猫

可爱的大熊猫是中国特有的珍稀动物，它们生活在竹林里。别看它身体肥胖，不但是爬树高手，游泳也很棒，嗅觉和听觉很灵敏，但视力很差，是天生的近视眼，看上去憨态可掬、非常可爱，被誉为国宝中的"美人"。

"亚洲四小龙"之一——韩国

韩国位于亚洲大陆东北的朝鲜半岛南部,三面环海。韩国是中国的近邻,有着悠久的历史和灿烂的文化,也曾饱受苦难和侵略。如今,韩国经济水平在亚洲已跃居前列,经济增长速度位居世界前列,因此被誉为"亚洲四小龙"之一。

首都首尔

韩国首都首尔是朝鲜半岛上最大的城市。位于首尔市中心的南山上建有高高的首尔塔,从塔顶可以俯瞰首尔的美丽风光:繁华的商业街,古老的宫殿,蔚蓝色美丽的汉江,无不显示着这个东方大都市的迷人魅力。

▶韩国首尔汉江大桥汉江

景福宫

景福宫是首尔规模最大、最古老的王宫之一,具有600多年的历史。

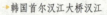

▼景福宫

朝鲜服

朝鲜服是韩国、朝鲜以及中国朝鲜族的传统服装，起源于中国明朝的服装，优雅且有品位。白色为基本色，根据季节、身份，所选用的材料和色彩都不同。如今，韩国人只有在节日或特殊的日子里穿着。

↑ 韩国传统服饰

知识小笔记

地方小档案

国　名：大韩民国
面　积：约 9.96 万平方千米
首　都：首尔

韩国舞蹈

韩国的传统舞蹈最早始于史前时代的宗教仪式，当时各部落在神坛祭典时，常伴有集体歌舞，这样的歌舞逐渐演变成固定的形式。韩国舞蹈以民族舞和宫廷舞为中心，宫廷舞蹈有古老的根源，服装华丽，多姿多彩。

↑ 韩国舞蹈

跆拳道

跆拳道是韩国民间技击术，在韩国已有 2 000 多年的历史，具有较高的防身自卫及强壮体魄的实用价值。1973 年 5 月，世界跆拳道联合会在首尔成立，1980 年，它被国际奥委会正式批准为跆拳道的管理机构。

樱花之国——日本

日本位于亚欧大陆东端，是一个四面临海的弧形岛国。这里有举世闻名的相扑运动、可爱的日本猕猴和气势宏伟的富士山。由于日本位于太平洋火山地震带上，所以火山活动频繁，是世界上有名的地震区。

◆ 东京塔正式名称为"日本电波塔"

繁华的东京

日本的首都东京位于本州岛关东平原南端。这里交通便利，地铁线像蜘蛛网一样通往东京的各个区和邻近的县市。但是，在每天的上下班高峰，地铁里非常拥挤。著名的东京塔是东京城的标志性建筑。

◆ 富士山是日本的象征，是日本最高的山峰。

富士山

富士山位于东京城的西南部，是日本第一高峰，海拔3 776米。它是日本民族的象征，被日本人民誉为"圣岳"。山顶终年积雪，高耸入云，仿佛戴着一顶漂亮的雪冠。每年都有很多游客来这里旅游观光。

浪漫的樱花

樱花是日本的国花。日本人民把樱花作为勤劳、勇敢、智慧的象征，他们认为人活着就要像樱花一样灿烂。每年，樱花盛开的阳春三月，人们都要和亲朋好友结伴观赏樱花，整个日本到处弥漫着香飘四溢的浪漫气息。

◆ 日本短尾猕猴

日本猕猴

日本猕猴大多生活在日本北部寒冷的山林里，这里有厚厚的积雪，因此它们身上长有厚厚的粗毛，整个冬天都待在山林里。在天寒地冻的时候，它们会去天然浴池泡温泉，坐在大澡盆里取暖。

◆ 日本相扑比赛

知识小笔记

地方小档案

国　名：日本国
面　积：约 37.79 万平方千米
首　都：东京

日本相扑

相扑最早源于中国，现在成为日本国技，在日本享受很高的地位。相扑运动员的体格都非常肥硕，曾经有一名相扑运动员的体重达到了 240 千克。

马背上的民族——蒙古

蒙古位于亚洲中部的内陆，它的东、西、南部与中国接壤，北与俄罗斯相邻，面积居亚洲第六位。在这里，你可以认识奇特的戈壁动物，了解古代蒙古勇士和远古时期的恐龙，欣赏到柔术演员精彩的表演。

首都乌兰巴托

首都乌兰巴托曾被称为"毡包之城"，如今，变成了一座具有浓郁草原风貌的现代城市，蒙古近一半人口都居住在此。今天，在乌兰巴托林立的高楼之间，你也能见到漂亮的蒙古包。

蒙古包

蒙古民族是一个游牧民族，以放牧为生。为了牲畜有丰盛的牧草，他们必须不停地迁徙，所以，大多数蒙古人常年都居住在一种圆形帐篷里，这就是易于搭建和拆卸的蒙古包。

知识小笔记

地方小档案

国　名：蒙古共和国
面　积：156.65 万平方千米
首　都：乌兰巴托

⚡蒙古哈拉和林附近的蒙古包

那达慕大会

那达慕大会是蒙古的一场体育盛事，每年的 7 月 11 日在首都乌兰巴托举行。这天，成千上万的蒙古人聚集到一起，观看富有浓郁的民族特色的赛马、射箭和摔跤比赛。著名的柔术表演也是那达慕大会上的一个表演项目。

▶蒙古国那达慕盛会

戈壁动物

在蒙古广阔而又荒芜的戈壁上，生活着许多珍稀动物，如赛加羚羊、普氏野马等。速度极快的赛加羚羊长着粗壮弯曲的鼻子；体型矮小的普氏野马十分健壮，身上直立的鬃毛像刷子一样。

恐龙的故乡

在世界上很多保存完好的恐龙化石中，有很多是在蒙古戈壁的石头和流沙下发现的。科学家们发现，7 500 万年前的特暴龙就曾经生活在蒙古，它的头骨长达 1.5 米，身高有 4 层楼那么高。

◀特暴龙——白垩纪食肉恐龙

吴哥窟的遐想——柬埔寨

柬埔寨位于中南半岛南部，与越南、老挝和泰国接壤，西南濒临暹罗湾。这里有东南亚最大的湖泊和举世闻名而又神秘的吴哥古城，你还可以欣赏到柬埔寨人漂亮的传统服饰，观看精彩的龙舟比赛。

◀ 柬埔寨洞里萨湖上的水上村庄

生命之湖——洞里萨湖

洞里萨湖是柬埔寨，也是东南亚地区最大的淡水湖。它从西北到东南，横穿柬埔寨，在金边市与贯穿柬埔寨的湄公河交汇。它像一块巨大的翡翠，镶嵌在柬埔寨大地之上，被柬埔寨人民视为"生命之湖"。

合十礼

柬埔寨人质朴、友善，注重礼节礼仪方式。最常见的礼节是合十礼，即双手合掌于胸前，稍微俯首，指尖的高度视对方身份而定，对国王、王室成员、僧侣要行下蹲或跪拜礼。如今在城市，也有行握手礼的。

▶ 柬埔寨吴哥窟的古代寺庙雕塑

传统服饰

纱笼是柬埔寨民族的传统服饰，通常只在家中穿，用丝绸、方格布或印花布做成，将布料缝成一个筒形，穿的时候把纱笼筒叠成两层筒裙，可以在公开场合穿。

▲ 湄公河

送水节

送水节，也称龙舟节，是柬埔寨民族的传统节日。每年11月13～15日，雨季结束进入旱季，柬埔寨人民在洞里萨湖上举行精彩的龙舟比赛，表达对洞里萨湖、湄公河养育之恩的感谢。

吴哥窟

被原始森林环抱的吴哥窟是一座被遗弃了的古城，位于暹粒省境内，距首都金边约240千米，是柬埔寨民族的象征，被誉为东方四大奇迹之一。它外观宏大，细致精巧，各类雕塑随处可见。

☀ 吴哥窟是高棉古典建筑艺术的高峰

知识小笔记

地方小档案

国　名:柬埔寨王国
面　积:约18.1万平方千米
首　都:金边

佛塔之国——缅甸

缅 甸位于东南亚,是中南半岛上最大的国家。这里气候温和,景色秀丽,佛塔和寺庙很多,就连每个村落都有佛寺,因此被称为"佛塔之国"。 在这里,我们可以看到金碧辉煌的仰光大金塔和奇特的长脖子巴洞人。

仰光大金塔

金碧辉煌的缅甸仰光大金塔是驰名世界的佛塔。建于 2 500 多年前,高达百米,塔顶镶着 4 300 多颗宝石,整个高塔外观约用了 20 000 张金片。

仰光大金塔

地方小档案

国　名:缅甸联邦共和国
面　积:约 67.66 万平方千米
首　都:内比都

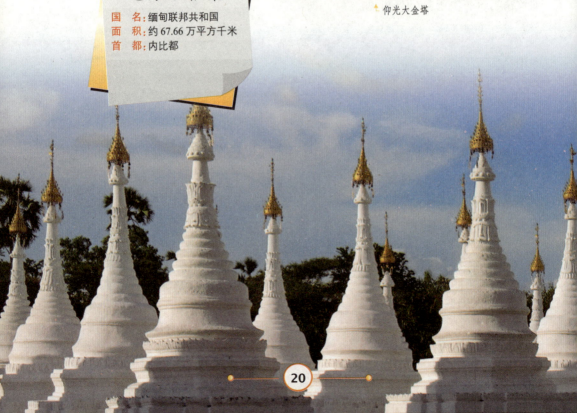

以长脖为美的巴洞人

　　巴洞人是缅甸的一个少数民族，这里流行一种奇特的风俗：妇女的脖子越长越美，越受重视。女孩从 5 岁起就开始戴项圈，并且要举行隆重仪式，以后每两年要增加两个铜环，多次增加后，最后可达 24 厘米。

▲ 带着项圈的巴洞人

崇拜东方

　　缅甸人视太阳升起的东方为吉祥的方向，认为东方是释迦牟尼成佛的方向，所以缅甸人家里的佛龛都供在室内东墙上。睡觉时，头必须朝东，忌讳朝西，否则是对佛的玷辱，会招致不幸。

▲ 缅甸佛像

"缅甸之宝"——柚木

　　缅甸森林资源丰富，全国拥有林地 30 多万平方千米，覆盖率为 50% 左右，是世界上柚木产量最大的国家。柚木质地坚韧、耐腐蚀，是上好的造船材料。缅甸人将柚木视为国树，称之为"缅甸之宝"。

▲ 白塔林立的曼德勒塔林

鱼米之乡——越南

越 南位于中南半岛东部，气候高温多雨。这里渔业资源丰富，沿海有1000多种鱼类，因此被称为"鱼米之乡"。在这里，我们会欣赏到风光秀丽的下龙湾，体验淳朴的越南人民的风土人情。首都河内是越南的历史名城。

会安古城

会安古城位于越南中部，历史上曾是一座港口，后来，成为东南亚最重要的贸易交流中心。古代，有很多中国人和日本人来这里聚居，所以这里到处是中式、日本式的建筑。

会安古城日式建筑

下龙湾

风光秀丽、闻名遐迩的下龙湾是越南北方的一个海湾。这里山岛林立，星罗棋布，据说一共有3000多座山峰，景色酷似我国的桂林山水，因此被称为"海上桂林"。

风景秀丽的下龙湾

水稻

　　水稻是越南最重要的农作物，种植面积高达5万平方千米。由于水热条件较好，水稻一般2～3个月便可成熟。即使在科技发达的今天，人们仍采用传统的手工方法插秧，妇女是农村的主要劳动力。

▲ 种植水稻

知识小笔记

地方小档案

国　名：越南社会主义共和国
面　积：约32.96万平方千米
首　都：河内

牙黑为美

　　染牙是越南京族人一种奇特的习俗。过去，洁白的牙齿会遭到人们的耻笑，只有染得又黑又亮的牙齿才是最美的。所以，不管男孩女孩到了十七八岁，就要开始染牙。如今，这种风气已日渐衰微，只有在农村才能看见。

红鼻猴

　　在下龙湾的若岛上有非常讨人喜欢的红鼻猴。岛上的猴子非常大胆，一见到陌生人，就成群跑到海滩上跳跃欢呼。

▲ 岩洞中的钟乳石错落有致，构成了奇特的雕像造型。

猴母亲猴宝宝

白象王国——泰国

泰 国位于东南亚，是一个美丽迷人的国度，被称为"白象王国"。在这里，丰富多彩的民族风俗和乡土人情，旖旎动人的热带风光，闻名于世的古典舞和民族舞，饶有趣味的哑剧和洛坤舞，一定会让你流连忘返，乐不思蜀。

天使之城曼谷

泰国首都曼谷位于湄南河下游，距暹罗湾40千米，是泰国最大的城市。曼谷佛寺庙宇林立，漫步城中，巍峨的佛塔，红顶的寺院映入眼帘，充满了神秘的东方色彩。在街上行走的和尚、尼姑是曼谷街头特有的景观。

◄ 泰国曼谷

佛教

佛教是泰国的国教，泰国人中有90%以上信奉佛教。佛教与泰国人的一生息息相关，如新居落成、婴儿出生、生日、结婚等场合，都要邀请法师诵经祈福。一般家庭通常设有佛龛，出外常带佛像项链。人们路经佛寺，必定恭敬礼拜。

◆ 美丽如画的攀牙湾

素可泰遗址公园

素可泰遗迹公园位于曼谷以北约 360 千米。园内矗立着多座寺庙、佛塔和宫殿。宏伟的建筑令人叹为观止。最为壮观的是玛哈达寺，它是素可泰最大的佛寺。

↑ 素可泰遗址公园里的象塔

↑ 泰国大象

七彩服饰

泰国服饰色彩非常艳丽，传统的泰式服装都是用泰丝做成，穿在身上给人一种非常高贵的感觉。泰丝以手工织制驰名世界，是泰国最著名，且最名贵的商品。如今只有在特殊场合，人们才会穿七彩的泰丝服饰。

攀牙湾

风景优美的攀牙湾地处泰国南部，被誉为泰国的"小桂林"。湾内散布着许多大小岛屿，怪石嶙峋，景色万千，堪称世界奇景。在占士邦岛上，有一块奇怪的擎天巨石——"大白菜石"，据说不久后就会消失。

知识小笔记

地方小档案

国 名：泰王国国
面 积：约 51.31 万平方千米
首 都：曼谷

橡胶王国——马来西亚

马 来西亚位于东南亚,地处太平洋和印度洋之间,由13个州组成。这里因盛产的橡胶产量和出口量均居世界前列,因此被誉为"橡胶王国"。

吉隆坡双子塔

吉隆坡双子塔是吉隆坡的标志性城市景观之一,也是世界上目前最高的双塔建筑,具有观光和通讯两大功能。高达400多米,两座银色双塔犹如两柄利剑直插云霄,连接双子塔的空中走廊是目前世界上最高的过街天桥。

首都吉隆坡

马来西亚首都吉隆坡是个美丽的城市,市内有双塔等人文奇景,郊外有森林峡谷等大自然的杰作。市内清真寺及佛教、印度教的寺庙随处可见,基督教的教堂也有20多座,每年吸引世界各地大批旅游者前来观光、游览。

吉隆坡双子塔

吉隆坡全景

"东方珍珠"槟榔屿

槟榔屿是马来西亚西北部一个风光明媚的小岛，因盛产槟榔而得名"槟榔屿"。这里名胜林立，海岸峭壁气势磅礴，金色沙滩延绵数里，是马来西亚著名的旅游胜地，享有"东方珍珠"的美誉。

景色秀丽的槟榔屿

天然的动物园

马来西亚属热带雨林气候，约80%的国土面积被森林和植被覆盖着。这里栖息着许多奇特的动物，如体型巨大的犀鸟、天性柔和而又胆怯的猩猩、独特的长鼻猴等。

马来西亚婆罗洲的大犀鸟

知识小笔记

地方小档案

国　名：马来西亚
面　积：约33.03万平方千米
首　都：吉隆坡

服饰

长袖衬衣"巴迪"多以蜡染的花布做成，多在正式交际场合穿用，被称为马来西亚"国服"。人们的服饰偏好红色、橙色等一些鲜艳的颜色，认为黑色属于消极之色，黄色也不适宜做服装，但他们对绿色十分喜爱。

热带岛国——新加坡

新加坡是东南亚的一个热带岛国,位于马来半岛南端,由一个本岛和 63 个小岛组成。传说 800 多年前,有一个古印度尼西亚的王子在这座小岛上看见了一头神奇的野兽,原来是狮子,王子就将这座小岛命名为"狮城"。

"世界花园城市"

新加坡首都新加坡市空气清新,风景秀丽,道路宽阔,人行道两旁种着各种花卉,被誉为"世界花园城市"。市中心区在新加坡河口南北两岸,南岸是被绿树环绕的高楼林立的繁华商业区,北岸是花草树木与楼宇交错的行政区。

▲新加坡唐人街

新加坡动物园

新加坡动物园于 1973 年开幕,收罗了 250 种哺乳动物类、鸟类和爬行类动物。园内利用热带森林与湖泊为屏障,使游客可以不受铁笼的遮拦而看得一清二楚,并亲身体验和人猿一起用餐的乐趣。

鱼尾狮像

著名的鱼尾狮像坐落于新加坡河畔，是新加坡的标志和象征。该雕像高约8米，重40吨。狮头代表传说中的"狮城"新加坡，鱼尾象征古城"淡马锡"，代表新加坡是由一个小渔村发展起来的。

▲ 新加坡的象征——鱼尾狮像

◀ 财富喷泉是新加坡的标志建筑之一，喷泉周围地面有十二生肖图案，据说绕着喷泉走三圈会带来财气。

知识小笔记

地方小档案

国　名：新加坡共和国
面　积：约669.4平方千米
首　都：新加坡

圣淘沙

圣淘沙是新加坡最为迷人的度假小岛，马来文意为"和平宁静"，被誉为"欢乐宝石"。它位于新加坡本岛南部，市中心附近，原来只是一个小渔村，如今却成为一个引人入胜、悠闲美丽的度假岛屿。岛上青葱翠绿，让人流连忘返。

▲ 圣淘沙

佛教的发源地——印度

印度是一个多姿多彩的国家,位于南亚次大陆,世界四大文明古国之一。在这里你将会在美丽的泰姬陵倾听到动人的故事,沐浴古老的恒河圣水,观赏丛林里庞大的亚洲象,体验与大象在一起狂欢的乐趣。

圣河——恒河

恒河全长 2 510 千米,是印度最长的河流。印度人视恒河为圣河,将恒河看作是女神的化身,虔诚地敬仰。这里每天都有成千上万的印度教徒聚集在恒河沿岸,在"圣水"中沐浴。

恒河沿岸最著名的印度教圣城——瓦拉纳西

泰姬陵

宏伟美丽的泰姬陵位于亚穆纳河畔,是世界七大奇迹之一,始建于 1632 年,历时 22 年才完工,是伊斯兰建筑的代表作。相传是印度莫卧尔王朝第五代皇帝沙贾汗为纪念亡妻修建的陵墓。

庄严雄伟的泰姬陵

瑜伽之都

瑜伽起源于古代印度，是一种传统的修身方法。"瑜伽"一词源自梵文，意思是"和谐"。如今，瑜伽已经传播到了世界各地。位于印度北部喜马拉雅山脚下的瑞诗凯诗是享誉世界的瑜伽之都。

瑜伽

印度姑娘们穿着他们的传统服装准备表演节目

纱丽

纱丽是最具有印度民族特色的女装。通常印有五颜六色的图案，质料有棉、丝或毛，也有人造纤维或混纺的。纱丽的式样繁多，不拘一格。每逢喜庆的日子，印度妇女都会穿起自己喜爱的纱丽，点上传统的吉祥痣，逛街串门、访亲问友。

知 识 小 笔 记

地方小档案

国　　名	印度共和国
面　　积	约298万平方千米
首　　都	新德里

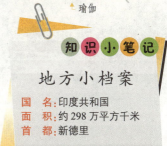

印度教岩寺的大象雕刻成固体岩石沿基地

大象节

印度有各种各样的节日，大象也有自己的节日，即大象节。当天，参加节日庆典的大象都要由经过精心设计的装饰打扮得漂漂亮亮，除了健美外，还要清洁干净。每年有许多从世界各地赶来的游客参加大象节，和大象一起狂欢。

珊瑚花园——马尔代夫

美丽宁静的马尔代夫位于斯里兰卡西南部，是印度洋上的一个群岛国家，由北向南经过赤道纵列，像一串串宝石点缀在蓝色的印度洋上。它拥有2 000多个小珊瑚岛，有"珊瑚花园"之称。

▲ 马尔代夫水上屋

潜水胜地

马尔代夫是全球三大潜水胜地之一，到这里若不潜水实在遗憾。想象一下，穿上潜水衣，跃入清澈的海中，与鱼儿共舞的奇妙感受吧！即便没法潜水，也可以涉足看鱼，运气好的话，还能见到小鲨鱼或魔鬼鱼。

首都马累

马尔代夫首都马累是一个珊瑚岛，面积不到两平方千米，这里五颜六色的大小珊瑚环礁就像海中盛开的朵朵鲜花。由于面积很小，机动车辆很少，居民出门一般骑自行车或步行，所以污染很小，空气清新。

↑马尔代夫美丽的海滩

卡尼岛

　　幽静的卡尼岛距首都马累20千米，是印度洋上的绿洲花园，到处都是鲜艳的花朵和苍翠的树木，空气如海水般清澈，珊瑚礁鲜艳夺目，海底世界充满奇幻色彩，和海底生物游动在一起，感觉非常奇妙。

太阳岛

　　太阳岛位于南马尔代夫阿瑞环礁群岛，太阳岛因其灿烂的阳光而得名，1998年建成并启用。岛上生长着无数高大的椰树和棕榈树及浓密的热带植被，围绕在岛周围的是宽阔的海滩和白沙。

丰富的海洋资源

　　马尔代夫拥有丰富的海洋资源，有各种热带鱼类及海龟、玳瑁和珊瑚、贝壳之类的海产品。渔业是国民经济的重要组成部分。但是，近年来旅游业已超过渔业，成为马尔代夫第一大经济支柱。

知识小笔记

地方小档案

国　名：马尔代夫共和国
面　积：9万平方千米
首　都：马累

↑马尔代夫魔鬼鱼海底集体
觅食壮观景象

千岛之国——印度尼西亚

印度尼西亚是东南亚的群岛国，它横贯赤道，岛屿多达 13 000 多个，名列世界前茅，素有"千岛之国"的称号。其有 100 多个民族，大多数居民信奉伊斯兰教，是世界上穆斯林人口最多的国家。

火山之国

印度尼西亚是一个火山之国，是太平洋上火山活动最多的地区。全国共有火山 400 多座，其中活火山 100 多座。由于全国各岛处处青山绿水，四季皆夏，所以被称为"赤道上的翡翠"。

▶巴厘岛上最为著名的阿贡火山，被称为"世界的肚脐"。

首都雅加达

首都雅加达位于爪哇岛西北部沿岸，是一座历史悠久的城市，也是世界著名的海港城市。过去，这里的人民曾一度受到殖民者的剥削和奴役，而今天的雅加达，已经成为一个现代化的文明城市。

▶高楼林立的雅加达市

爪哇岛

爪哇岛是印度尼西亚经济、政治和文化最发达的地区，一些重要的城市和名胜古迹都坐落在这个岛上。

↑ 婆罗浮屠佛塔是佛教的著名建筑，与中国的长城、印度的泰姬陵、柬埔寨的吴哥古迹和埃及的金字塔齐名，被世人誉为古代东方的五大奇迹。

↑ 婆罗浮屠雕塑

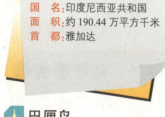

知识小笔记

地方小档案

国 名：印度尼西亚共和国	
面 积：约 190.44 万平方千米	
首 都：雅加达	

蜡染服饰

蜡染在印度尼西亚是古代印度尼西亚的一种工艺，色彩丰富，设计精美。巴利岛的蜡染服饰极有名，游客可以任意选择自己喜欢的图案，女工们会现场给游客的衣服上绘制图案，几分钟内就能完成。

巴厘岛

巴厘岛是印度尼西亚著名的旅游区，素有"天堂岛"的美称，是天然的度假胜地。这里自然风光恬静优美，并具有悠久的文化艺术传统，尤其是独具风格的巴利舞更是世界闻名。

↓ 巴厘岛的气候属于热带海岛型气候，气候常年炎热。

袖珍之国——文莱

文莱位于加里曼丹岛北部,北濒南中国海,是东南亚袖珍小国。盛产石油,是世界最富有的国家之一。这里有引人入胜的历史古迹,独特的水上村落,还有多种多样的特色美食。

➤ 文莱巨型茶壶雕塑

首都斯里巴加湾市

文莱的首都斯里巴加湾市位于文莱湾西南岸,距文莱河入海口约 15 千米。这里最初只是一片沼泽地,后来马来人陆续来此定居,从 17 世纪起即成为文莱首都。这里历史古迹多,风景秀丽,是东南亚游览胜地。

努洛伊曼皇宫

金碧辉煌的努洛伊曼皇宫是世界最大的皇宫,是文莱苏丹(苏丹即国王)的住所。据说,里面有 1 700 多个房间。如果要参观皇宫,就不要错过国庆日或开斋节,此时大门开放三天,你还可以趁此机会排队进去和苏丹握手呢!

知 识 小 笔 记

地方小档案

国 名:文莱达鲁萨兰国
面 积:约 0.58 万平方千米
首 都:斯里巴加湾市

赛福鼎清真寺

赛福鼎清真寺是文莱首都斯里巴加湾市的象征,建于 1958 年,是为了纪念苏丹奥玛尔·阿里·赛福鼎的建国功绩。清真寺除了那些大大小小的金色拱顶外,其主体建筑都为白色,远远望去,整个建筑非常雄伟。

↑ 美丽庄严的赛福鼎清真寺

↑ 文莱水上村落

水上村落

在文莱河两岸,坐落着世界闻名的水上村落,据说它已经有 600 多年的历史了,被人们称为"东方威尼斯"。如今这里每天都有许多外国游客前来旅游观光,游人还可以进入水村居民家中感受他们的日常生活。

独特的饮食

斯里巴加湾市有多种多样的特色美食。当地的马来人有一种独特的招待客人的食物,就是把佬叶(一种野菜)和着蜂蜜以及食用石灰一起咀嚼,假如有幸找到并吃到这道"小食",说明你很幸运哦!

↑ 文莱美丽的夜景

清真之国——巴基斯坦

巴 基斯坦意为"清真之国",位于印度半岛上,南濒阿拉伯海,东、北、西三面分别与印度、中国、阿富汗和伊朗为邻。巴基斯坦历史悠久,早在5000年前,这里就孕育着灿烂的印度河文明。

首都伊斯兰堡

巴基斯坦首都伊斯兰堡位于国境东北部海拔540米的山麓平原上,是一座美丽且富有特色的现代化城市。这里背依马尔加拉山,东临清澈的拉瓦尔湖,南面是一片葱茏的山丘,气候宜人,风景秀丽。

↑ 位于伊斯兰堡的巴基斯坦国父穆罕默德·阿里·真纳纪念碑

↑ 位于拉合尔的地标建筑

知识小笔记

地方小档案

国　名:巴基斯坦伊斯兰共和国
面　积:79.6万平方千米
首　都:伊斯兰堡

巴基斯坦的灵魂

拉合尔地处富庶的印度河上游冲积平原,伊斯兰堡东南约300千米,是巴基斯坦的历史文化名城,素有"巴基斯坦的灵魂"之称。市内树木葱茏,芳草如茵,群花争艳,香气四溢,置身其中,会让人流连忘返。

费萨尔清真寺

费萨尔清真寺是巴基斯坦最大的清真寺，也是世界上最大的清真寺。坐落在首都伊斯兰堡西部的巴基斯坦国际伊斯兰大学旁，于 1982 ~ 1986 年建成。整个建筑设计别致，宏伟壮观，是伊斯兰堡的象征。

↑ 庄严的费萨尔清真寺

饮食风俗

巴基斯坦人喜欢香辣食物，用胡椒、姜黄等做的咖喱制品闻名世界。他们喜欢将菜放入平底锅或高压锅中炖得烂熟，很少炒菜，习惯用右手抓着吃。

乔戈里峰

乔戈里峰位于中国和巴基斯坦边界，海拔 8 611 米，是喀喇昆仑山脉的主峰，是海拔仅次于珠穆朗玛峰的世界第二高峰。这里地形险恶，气候恶劣，每年 7 ~ 9 月，好天气持续时间较长，是登顶的好时间。

↓ 乔戈里峰

山国——尼泊尔

尼泊尔是一个内陆山国，位于喜马拉雅山脉中段南麓。由于东、西、北三面群山环绕，因此被称为"山国"。在这里你会认识勤劳朴实的尼泊尔人，看到稀有的雪豹和野牦牛，参加各种各样的节日。

首都加德满都

加德满都位于喜马拉雅山南麓的一个天然谷地中，四周青山环绕，常年鲜花盛开，被称为山国的"春城"。最负盛名的大梵天庙、大佛塔等建筑气势雄伟，吸引着成千上万的外国旅游者。

知识小笔记

地方小档案

国　名：尼泊尔王国
面　积：约 14.72 万平方千米
首　都：加德满都

博克拉

博克拉是尼泊尔中西部城市，以眺望壮观的喜马拉雅山脉而闻名于世。博克拉四面环山，安娜普纳山脉终年积雪，美丽的鱼尾峰倒映在湖面，秀丽奇特，美不胜收。

▽ 位于加德满都南 5 千米的巴格马提河畔的古老城市——帕坦

威武的雪豹

在尼泊尔寒冷的山谷中，生活着美丽而迷人的雪豹。雪豹属于猫科动物，灰白色的皮毛能帮助它很好地隐蔽自己，足爪上长着厚厚的肉垫，能防止它们陷入松软的雪地中。山羊、旱獭和鹿是雪豹的猎物。

⤴尼泊尔寒冷的山谷生活着雪豹

萨加玛塔国家公园

萨加玛塔国家公园位于尼泊尔喜马拉雅山区，珠穆朗玛峰南坡，北部与西藏珠穆朗玛自然保护区接壤。这里终年阳光灿烂，四季如春，是尼泊尔著名的旅游胜地。

⤴尼泊尔索鲁昆布县的南池市场由于处在美丽的雪山区，每年都会吸引 3000 人次左右的游客前来旅行和攀登雪山。

野牦牛

在尼泊尔的北部山区中，生活着一种珍稀动物——野牦牛。野牦牛身上长有又长又厚的毛，适合在严寒的环境中生活。一年四季，它们都住在山坡。奔跑时，它的速度可达 40 千米以上。

⤴生活在尼泊尔北部山区中的野牦牛用身上厚厚的皮毛来抵御严寒

古波斯帝国——伊朗

伊朗是历史上著名的"波斯帝国"，位于亚洲西南部，国土绝大部分在伊朗高原上，是一个多民族的穆斯林国家。几千年来，勤劳、勇敢的伊朗人民创造了辉煌灿烂的文化。

首都德黑兰

伊朗首都德黑兰是伊朗最大的城市，也是西亚最大的城市。位于伊朗中部偏北，坐落在辽阔的伊朗高原北缘的厄尔布尔士山脉南麓，市区分布在一片平原上。这里的一个引人注目的特点是一年四季都盛开着各种鲜花，因此有"鲜花城市"之称。

位于首都德黑兰市内的自由纪念塔造型别致，气势恢宏，是德黑兰的标志和象征。

波斯波利斯

波斯波利斯是伊朗古城，位于伊朗西南部，是波斯帝国阿契美尼德王朝的第二大都城。"波利斯"原意是"都市"，"波斯波利斯"意为"波斯国的都城"。1980年波斯波利斯被列入《世界遗产名录》。

知识小笔记

地方小档案

国　名：伊朗伊斯兰共和国
面　积：163.6万平方千米
首　都：德黑兰

伊朗波斯波利斯遗址

玫瑰是伊朗
的国花，伊朗人
民将它作为和
平、幸福和欢快
生活的象征。

伊朗西南部靠近伊拉克边境处是片土地肥沃的辽阔平原，古伊拉姆帝国在公元前 16 世纪至前 11 世纪期间在此扩建版图，公元前 1250 年建造的这座圣地平地隆起，外形酷似蒸笼因而得名"大笼山"。波斯语为乔加赞比尔。

乔加赞比尔

乔加赞比尔位于伊朗西南部重镇阿瓦士以北。乔加赞比尔城大约建于公元前 1250 年，是专门为供奉守护苏萨城的牛神而建造的，其主体是一座金字形神塔，另外还有几座神庙和 3 座宫殿。1979 年，被联合国教科文组织列入《世界遗产名录》。

扎格罗斯山脉

扎格罗斯山脉是伊朗第一大山脉，位于伊朗高原西南部，从西北向东南绵延 1 200 千米，平均海拔 3 000 米。山间多宽阔的谷地和盆地，降水稍多，为伊朗农牧业区，并有丰富的矿产资源，全国 90% 的石油均来自这里。

伊朗女孩

已有 5 000 多年历史的伊朗地毯编织艺术闻名全球

伊朗服饰

按照伊斯兰教义，伊朗男子出门不能穿短裤，妇女出门，除了脸颊、双手和双脚可以露出外，其他部位不能外露，一定要戴上面纱披上黑袍才行。

三大宗教发源地——以色列

以色列位于亚洲西部，是亚、非、欧三大洲结合处。以色列历史悠久，是世界主要宗教犹太教、伊斯兰教和基督教的发源地。在这里，你将会体验无比美妙的死海浴，了解神秘的犹太教，参观闻名世界的哭墙。

耶路撒冷

耶路撒冷是一座历史悠久的城市，位于地中海和死海之间。相传，公元前 10 世纪，以色列的大卫王曾在此筑城建都。犹太教、基督教和伊斯兰教，分别根据自己的宗教传说，奉该城为胜地。

▶耶路撒冷清真寺

神奇的死海

死海并不是"海"，而是一个巨大的咸水湖，它位于以色列和约旦之间。远远望去，波涛此起彼伏，无边无际，但水中却没有鱼类和水草生长，就连岸边也寸草不生。由于它的含盐量很高，所以即使你不会游泳，也不会被淹死。

▶奇特的死海令人着迷，每年都有许多游客前去体验这世界上独一无二的漂游。

雅法老城

以色列特拉维夫的雅法老城是一个具有 4 000 多年历史的港口城市，是世界上最古老的城市之一。7 月 3 日，雅法老城与中国的"三江并流"等全球 24 处名胜古迹一起被联合国教科文组织列入《世界遗产名录》。

特拉维夫 — 雅法

特拉维夫 — 雅法濒临地中海，是以色列第二大城市。特拉维夫原来是个小渔村，后来与雅法合并，逐渐成为以色列政治、经济、文化中心。这里高楼林立，大多是白色建筑。每年，这里都吸引着成千上万的游客。

↑ 特拉维夫——雅法城市

知·识·小·笔·记

地方小档案

国　名：以色列国
面　积：1.52 万平方千米
首　都：建国时在特拉维夫，
　　　　1950 年迁往耶路撒冷

古老的哭墙

耶路撒冷犹太教圣迹哭墙，又称西墙，是古代犹太国第二神庙的唯一残余部分。千百年来，流落在世界各个角落的犹太人回到圣城耶路撒冷时，便会来到这面石墙前低声祷告，哭诉流亡之苦，所以被称为"哭墙"。

↓ 古老的哭墙。1981 年，哭墙被列入《世界遗产目录》。

欧亚之桥——土耳其

土耳其是一个历史悠久的美丽国度。它幅员辽阔，地处东西方的交叉口，路口的东边是亚洲，西边是欧洲，因此被称为"欧亚之桥"。我们将会参观雄伟的托普卡匹皇宫，领略充满异域风情的托钵僧旋转舞。

土耳其圣索菲亚大教堂是世界著名教堂之一，位于伊斯坦布尔，距今已有1400多年的历史。

伊斯坦布尔

伊斯坦布尔是土耳其最大的城市，城区被一条水道一分为二，一半位于欧洲，另一半则位于亚洲。在伊斯坦布尔，大约有3000座被称为"清真寺"的宗教建筑，其中最古老的要算圣索菲亚大教堂。

托普卡匹皇宫

托普卡匹皇宫位于伊斯坦布尔东侧的一片高地上，向南可以眺望马尔马拉海，向北可以欣赏博斯普鲁斯海峡。这里曾是土耳其帝国统治者苏丹的豪华住所，宫中珍藏世界各国的宝物，其中有中国明朝数万件瓷器。

知识小笔记

地方小档案

国　名：土耳其共和国
面　积：78.36万平方千米
首　都：安卡拉

位于伊斯坦布尔东侧的托普卡匹皇宫

特洛伊城遗址

特洛伊城遗址是土耳其古城，位于恰纳莱南部，北临达达尼尔海峡，坐落在平缓的城堡山脚下。特洛伊城遗址是《荷马史诗》中提到的历史名城，1871年，被著名考古学家海因里希·谢里曼发现。

↑特洛伊遗址

棉花堡温泉

棉花堡位于土耳其西南，从2 000年前的希腊时代起就是温泉疗养胜地，如今更是驰名世界。泉水从山顶往下流，所经之处历经千百年钙化沉淀，形成层层相叠的半圆形白色天然阶梯，远看像一朵朵棉花矗立在山丘上，所以被称为"棉花堡"。

↑驰名世界的棉花堡位于土耳其西南

↑土耳其海水里生活着美丽的海葵

美丽的海葵

在土耳其海域的温暖海水里，生活着一些奇怪的海洋生物，如长有坚硬外壳和许多棘刺的海胆和美丽的海葵。别看海葵的外表就像一朵美丽的鲜花，它其实是一种可怕的食肉动物。

富有的国家——阿拉伯联合酋长

阿拉伯联合酋长国是一个由七个酋长国(阿布扎比、迪拜等)组成的联邦国家,简称阿联酋。是一个位于阿拉伯半岛东部的沙漠国家,世界重要的石油出口国之一。境内除东北部有少量山地外,绝大部分是洼地和沙漠。

绿色都市——阿布扎比

阿布扎比是阿拉伯联合酋长国的首都,由几个小岛组成,位于阿拉伯半岛的东北部,北临海湾,南接广袤无垠的大沙漠。这里原来是一片荒漠,如今已成为一个绿意浓浓的天堂,阿布扎比海滨是举世闻名的旅游胜地。

帆船酒店

帆船酒店是全世界最豪华的酒店,位于中东地区阿联酋迪拜市,矗立在海滨的人工岛上,看上去,酷似一只帆船,共 56 层,高达 321 米。整个造型轻盈飘逸,豪华程度令人叹为观止。

矗立在岛上的帆船酒店

位于阿布扎比的扎耶德清真寺

↑ 迪拜的天际线与哈里发塔

迪拜

迪拜是阿联酋的第二大城市、迪拜酋长国首府，与海湾石油富国相邻。这里交通方便，经济繁荣，进出口贸易十分发达，拥有世界级的购物天堂，有"中东的香港"之称。

椰枣和石油

阿联酋是全球椰枣生产大国，目前拥有椰枣树 4 000 多万株，椰枣年产量高达 70 多万吨。另外，阿联酋还盛产石油，人均年收入达到两万美金以上，因此有很多国际顶尖品牌进驻阿联酋。

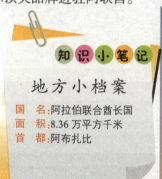

知 识 小 笔 记

地方小档案

国 名：阿拉伯联合酋长国
面 积：8.36 万平方千米
首 都：阿布扎比

↑ 世界第一高楼——迪拜塔

迪拜塔

迪拜塔是位于阿拉伯联合酋长国迪拜的一栋正在兴建的摩天大楼，于 2004 年 9 月 21 日动工，是目前世界第一高楼与建筑。有意思的是，为防止竞争者超越，迪拜塔的最终高度没有公布。据说，楼层数可能会达到 195 层左右。

欧 洲

　　欧洲是欧罗巴洲的简称,"欧罗巴"意为"日落的地方"。西临大西洋,北靠北冰洋,南隔地中海和直布罗陀海峡,与非洲大陆相望,东与亚洲大陆连成一块。面积1016万平方千米,大部分位于北温带内,没有热带。欧洲有45个国家和地区,在地理上习惯分为南欧、西欧、中欧、北欧和东欧5个地区。

千湖之国——芬兰

芬兰位于欧洲北部，是一个美丽迷人的国度。它的北面与挪威接壤，西北与瑞典为邻，东面是俄罗斯，南临芬兰湾，西濒波的尼亚湾。境内大大小小的湖泊约 18 万个，因此赢得了"千湖之国"的美誉。

"波罗的海的明珠"

芬兰首都赫尔辛基濒临波罗的海，是芬兰最大的港口城市，素有"波罗的海的明珠"之称。这里风景优美，犹如一座美丽的花园。芬兰最古老、规模最大的赫尔辛基大学就位于市区。

西贝柳斯公园

西贝柳斯公园坐落在芬兰首都赫尔辛基市中心西北面。这里以两座雕像闻名于世——一座是由 600 多根钢管组成的类似管风琴的抽象塑像，一座是伟大的作曲家——西贝柳斯的头像雕塑。

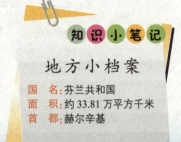

知识小笔记

地方小档案

国　名：芬兰共和国
面　积：约 33.81 万平方千米
首　都：赫尔辛基

芬兰首都赫尔辛基濒临波罗的海，是一座古典美与现代文明融为一体的都市，既体现出欧洲古城的浪漫情调，又充满国际化大都市的韵味。

浪漫的芬兰木屋

芬兰有着悠久的木屋建造史，它的设计建造已发展到一个很高的水平。木屋是用纹路美观、色泽柔和的木材建造，其特点是冬暖夏凉。大多数芬兰家庭都拥有木屋别墅，它们通常坐落在密林中的幽静湖畔。

▶芬兰木屋村

酷爱桑拿浴

芬兰人酷爱桑拿浴，有近 200 万个大大小小的桑拿浴室，每个芬兰人几乎从呱呱落地之日起，一生都离不开桑拿。在芬兰，没有桑拿设施的房屋，几乎不会有人居住。即使是宴请朋友，也可能会被请去家里洗桑拿浴。

圣诞老人的故乡

圣诞老人的故乡位于芬兰北部。传说圣诞老人就住在那里的耳朵山里，他能听到世界上所有孩子们的心声。后来，芬兰人就在离这里不远的北极圈内建造了圣诞老人村。每年都有来自世界各国的 40 多万游客到此游览。

▼圣诞老人村主要为一组木质建筑群，包括有正门的尖顶、餐厅、花圃、圣诞老人办公室、居所、邮局、礼品店、驯鹿园等。

诺贝尔的故乡——瑞典

瑞典位于北欧斯堪的纳维亚半岛东部，是北欧最大的国家。这里景色迷人、环境静谧，由于靠近北极，冬季非常漫长，大部分地区几乎半年都见不到阳光。举世闻名的诺贝尔奖金的设立者——诺贝尔就诞生在这里。

斯德哥尔摩

瑞典首都斯德哥尔摩是北欧第二大城市，位于梅拉伦湖与波罗的海的交汇处，由 14 个大小岛屿组成，它们像颗颗晶莹璀璨的珍珠，散落在清澈明净的湖与海之间，斯德哥尔摩因而有"北方威尼斯"之称。

△ 斯德哥尔摩市政厅

知识小笔记

地方小档案

国　名：瑞典王国
面　积：约 45 万平方千米
首　都：斯德哥尔摩

文化名城斯德哥尔摩，市内有 50 多座博物馆、藏书达 100 万余册的皇家图书馆、拥有 100 多年历史的斯德哥尔摩大学等。

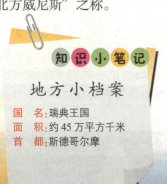

瑞典皇宫

瑞典皇宫是国王办公和举行庆典的地方，坐落在斯德哥尔摩市中心。建于 17 世纪，是瑞典著名建筑学家特里亚尔的作品。王宫卫队每天中午按古老传统举行隆重的换岗仪式，吸引世界各地的大批游客。

↑ 庄严雄伟的瑞典皇宫

斯德哥尔摩音乐厅

斯德哥尔摩音乐厅是一座蓝色大楼，建造于 1926 年。瑞典皇家爱乐交响乐团经常在此地进行演出，一年一度的诺贝尔奖颁奖仪式也在这里举行。音乐厅前的俄耳甫斯雕像是瑞典著名雕塑大师米勒斯的作品。

↑ 斯德哥尔摩博物馆于金色大厅举行舞后诺贝尔奖的宴会

歌德堡

歌德堡是瑞典第二大工业城市，它坐落在瑞典西海岸，与丹麦北端相望，素有瑞典"西部窗口"之称。歌德堡又是斯堪的纳维亚半岛上的第一大海港，港口终年不冻。世界著名的沃尔沃汽车是在这里生产的。

↓ 歌德堡夜景

通往北方之路——挪威

挪威位于北欧斯堪的纳维亚半岛西部，东邻瑞典，东北与芬兰和俄罗斯接壤，南同丹麦隔海相望，西濒挪威海。在这里，你会看到在冰洞里钓鱼的挪威人，去滑雪圣地——霍尔门考伦山领略滑雪的快乐！

首都奥斯陆

挪威首都奥斯陆位于挪威东南部，奥斯陆峡湾北端，是挪威的著名港口，也是欧洲著名的历史古城。这里四周山水环抱，风光如画，以不冻港而闻名世界，也是世界上重要的裘皮加工和出口中心，被称为"裘皮之都"。

▶挪威峡湾

▲挪威朗伊尔城色彩缤纷的房子

世界滑雪之都

挪威人非常喜欢滑雪，对于挪威人来说，滑雪就是他们的第二生命。举世闻名的霍尔门考伦山位于奥斯陆东北约 13 千米处，是挪威的滑雪圣地。从 1892 年起，每年 3 月，世界闻名的滑雪大赛都在这里举行。

▼奥斯陆是挪威的首都和最大的城市

北极光

由于北极圈横穿挪威北部，北部一些城市到了六七月份根本没有夜晚，人们可以看到午夜的太阳以及美丽的北极光。

卑尔根——欧洲文化之都

卑尔根位于挪威西海岸，是一座具有悠久历史的古城。它建在山丘之上，气候温暖，降水量很大，一年365天，有200多天都在下雨，整座城市看上去非常干净、古朴，置身其中，令人神清气爽，乐不思蜀。

因其峡湾地形适合大型船运集装箱的操作，卑尔根因此成为欧洲最大的邮轮港之一。

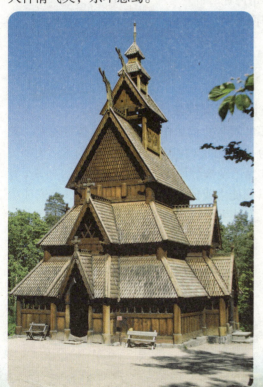

知识小笔记

地方小档案

国　名：挪威王国
面　积：约38.52万平方千米
首　都：奥斯陆

奥尔内斯木制教堂

奥尔内斯木制教堂坐落于松内湾郡的奥尔内斯，始建于12世纪，是挪威现存的30余座古木制教堂中最著名的一个。1979年被联合国教科文组织列为必须加以保护的世界文化遗产之一。

挪威名胜奥尔内斯木制教堂

童话王国——丹麦

丹麦地处北欧,位于北海与波罗的海、欧洲大陆与斯堪的那维亚半岛之间,是一个美丽富饶的国家。因诞生过世界著名的童话大王——安徒生而有"童话王国"之称。

"北欧的巴黎"

丹麦首都哥本哈根位于丹麦西兰岛的东部,隔着厄勒海峡与瑞典重要海港马尔默遥遥相望,是丹麦最大的海港,也是北欧著名的历史古城。因市内拥有许多历史遗迹,古老的城堡、教堂、公园和博物馆,因此被誉为"北欧的巴黎"。

知 识 小 笔 记

地方小档案

国　名:丹麦王国
面　积:约 4.31 万平方千米
首　都:哥本哈根

童话作家安徒生

举世闻名的童话作家安徒生就是丹麦人,被尊称为"丹麦的文化国父",是公认的童话大师。他的作品已经被翻译成近 150 种语言。在丹麦,有许多以安徒生或他的童话命名的名胜,如安徒生大街、安徒生博物馆、美人鱼等。

➤ 童话大师安徒生雕像

➤ 哥本哈根

"童话之城"——蒂沃利公园

蒂沃利公园位于丹麦首都哥本哈根闹市中心，是丹麦著名的游乐园，有"童话之城"之称，每年 4～9 月对外开放。公园内设有 20 多条惊险程度各异的历险路线，还可沿飞天干线浏览一幕幕脍炙人口的安徒生童话。

美人鱼铜像

美人鱼铜像坐落在哥本哈根朗厄里尼海滨公园附近的海滩上，它是丹麦雕塑家埃德华·埃里克森于 1912 年用青铜雕铸的。"美人鱼"是安徒生童话《海的女儿》中的女主角，如今已成为丹麦的象征。

世界闻名的美人鱼铜像。美人鱼坐在一块巨大的花岗石上，神情忧郁地注视着远方。

大贝尔特海峡大桥

大贝尔特海峡大桥

大贝尔特海峡大桥建在大贝尔特海峡上，该桥上的悬索桥长 1 624 米，是世界上最长的悬索桥之一。大桥为公路、铁路两用桥。桥孔高度 65 米，桥下可通行任何巨轮。悬索桥使用了 1.9 万吨钢缆，其主钢缆直径高达 85 厘米。

领土最大的国家——俄罗斯

俄罗斯横跨亚欧两大洲,北临北冰洋,东濒太平洋,西接大西洋,西北临波罗的海芬兰湾,是世界上领土面积最大的国家。这里有丰富的自然资源,森林覆盖面积占国土面积的一半,天然气和煤的蕴藏量均居世界前列。

首都莫斯科

俄罗斯首都莫斯科位于俄罗斯平原中部,莫斯科河畔,得名于直穿市区的莫斯科河。它历史悠久,建成于12世纪中叶,是俄罗斯政治、经济、文化、艺术及科学的中心。市内有许多名胜古迹,其中以克里姆林宫和红场最为著名。

➤ 莫斯科是俄罗斯的首都,也是该国的政治、经济、科学文化及交通中心。

红场

红场意为"美丽的广场",面积9.1万平方米,位于莫斯科市中心,是世界上著名的广场之一,也是国家举行各种大型庆典及阅兵活动的中心地点。红场是莫斯科历史的见证,也是莫斯科人的骄傲。

➤ 莫斯科红场历史博物馆

克里姆林宫

克里姆林宫位于莫斯科市中心，濒莫斯科河，始建于 1156 年，曾为沙皇皇宫。克里姆林宫是世界闻名的建筑群，主要有大克里姆林宫、圣母升天教堂、伊凡大帝钟楼等，享有"世界第八奇景"的美誉，是旅游者必到之处。

↑ 俄罗斯莫斯科克里姆林宫的报喜大教堂（左）和圣母大教堂（右）

普希金广场

普希金广场位于莫斯科市中心，旧称苦行广场，因旧时广场上建有苦行修道院而得此名。1937 年，为纪念俄国伟大诗人普希金逝世 100 周年，苦行广场被改名为普希金广场。广场上耸立着 4 米多高的普希金青铜纪念像。

↑ 矗立在普希金广场上的普希金青铜纪念像

知识小笔记

地方小档案

国　　名：俄罗斯联邦
面　　积：1 707.54 万平方千米
首　　都：莫斯科

↓ 充满异域风情的俄罗斯套娃

俄罗斯套娃

俄罗斯套娃有浓郁的地域风格，是俄罗斯最有名的木制工艺品。一般由多个一样图案的空心木娃娃一个套一个组成，最多可达十多个，通常为圆柱形，底部平坦可以直立。娃娃可做摆设品，也可用来装首饰、糖果。

礼仪之邦——波兰

波兰是一个迷人的国度，位于欧洲中部。波兰人热情好客，很重视对人的称呼，与客人见面时，通常的礼节是握手。让我们一起去参观富丽堂皇的宫殿，去大科学家居里夫人的出生地去聆听她小时候的故事。

首都华沙

波兰首都华沙是波兰最大的城市，位于波兰中部平原上，坐落在维斯瓦河中游西岸，自古以来，这里都是非常繁华的地方。这里有许多著名的建筑，如圣十字大教堂、克拉辛斯基宫等。国际钢琴大师肖邦就出生在华沙郊区。

华沙美人鱼

在波兰首都华沙维斯瓦河西岸，矗立着一座姿态优美的人身鱼尾的青铜雕塑——华沙美人鱼。美人鱼是华沙的象征，铜像高约 2.5 米，是波兰著名女雕塑家卢德维卡·尼茨霍娃的作品，建于 1938 年。

波兰首都华沙市中心

姿态优美的华沙美人鱼

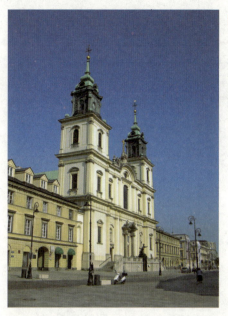

圣十字大教堂

圣十字大教堂

圣十字大教堂矗立于波兰首都华沙市中心，初建于 1696 年，后来因战争而毁坏。如今的圣十字教堂是 1946 年重新修建的。波兰许多出色的科学家和艺术家都长眠于此，此教堂因此被称为"祖国的心脏"。

知识小笔记

地方小档案

国　名：波兰共和国
面　积：约 31.27 万平方千米
首　都：华沙

波兰第一花城

萨利派是波兰南部的一座小镇，素有"波兰第一花城"之称。玫瑰、虞美人、雏菊、郁金香……开遍小镇，置身其中，犹如到了世外桃源。其实，这些并不是真花，而是小镇上的艺术爱好者描绘出来的。

波兰萨利派小镇多姿多彩的第一花城

马尔堡城堡

马尔堡城堡位于波兰马尔堡市，坐落在诺佳特河东北岸上，修建于 1274 年。1997 年被联合国教科文组织列为世界文化遗产。

马尔堡城堡

欧洲粮仓——乌克兰

乌克兰位于欧洲东部，南临亚速海和黑海。这是一个美丽的国度，到处都是绿色海洋，没有沙漠，这里拥有世界上最肥沃的土壤——黑土，它的面积占世界总量的30%，阳光充足、雨量充沛，非常适宜农业，素有"欧洲粮仓"的美誉。

"俄国城市之母"

乌克兰首都基辅位于乌克兰中北部，第聂伯河中游，是第聂伯河港口和重要的铁路枢纽。基辅具有悠久而光荣的历史，曾是第一个俄罗斯国家基辅罗斯的中心，因而有"俄国城市之母"的称谓。

乌克兰国家歌剧院

乌克兰国家歌剧院位于基辅市弗拉基米尔大街，建于1897～1901年，由著名的设计师尼古拉·瓦西里设计。内有演出舞台、乐器演奏池、包厢等一系列设施，为欧洲四大著名剧院之一。

↓乌克兰首都基辅

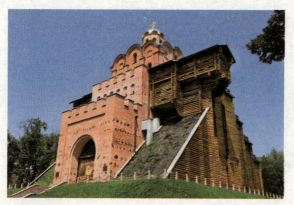

金门遗址

金门建于 11 世纪，门高 12 米，宽 6.4 米。金门是古代基辅城的正门，门扇和门楼上的教堂圆顶装饰有镀金的铜箔，金门因此而得名。1983 年金门遗址经整修后辟为博物馆，对游人开放，馆内陈列许多古基辅的文物。

◄ 金门遗址

里沃夫

里沃夫建于中世纪后期，它完好地保存了中世纪的地形，特别是反映居住在那里的异教徒团体的情况，还有许多巴洛克风格的建筑。其整个城市建筑是东欧、意大利、德国建筑和艺术融合的代表。1998 年，里沃夫历史中心被列入《世界遗产名录》。

知 识 小 笔 记

地方小档案

国　名：乌克兰
面　积：60.37 万平方千米
首　都：基辅

城市奠基者纪念碑

城市奠基者纪念碑位于第聂伯河右岸河边，建于 1982 年，是为纪念基辅建城 1 500 周年而建。相传在 5 世纪初，基、谢克、哈里夫三兄弟和他们的妹妹列别齐，在第聂伯河右岸建立了城市，城市以大哥基的名字命名，故称之为基辅。

▸ 城市奠基者纪念碑

啤酒之国——捷克

捷克位于欧洲中部,东连斯洛伐克,西临德国,南接奥地利,北临波兰。捷克的啤酒有悠久的历史,早在一千多年以前,家家户户都有酿造啤酒的传统。如今,捷克仍是世界啤酒生产和消费大国,被誉为"啤酒之国"。

千塔之城

捷克的首都和最大的城市——布拉格位于国境西部,坐落在拉贝河支流伏尔塔瓦河两岸。这是一座美丽而古老的山城,市内拥有为数众多的各个历史时期、各种风格的建筑,整个建筑色彩绚丽夺目,红瓦黄墙,布拉格因此有"千塔之城"的美称。

伏尔塔瓦河

伏尔塔瓦河被称为捷克的"母亲河",是捷克最长的河流,长435千米。它横贯整个布拉格,将整个城市一分为二,每一部分又各自拥有城区。顺着水流的方向,河的右岸是新城和老城,左岸是小城和布拉格城堡。

→穿梭在布拉格市区的伏尔塔瓦河

↓布拉格古城

知识小笔记

地方小档案

国　名:捷克共和国
面　积:约7.89万平方千米
首　都:布拉格

布拉格古钟

布拉格古钟安放在布拉格老城广场西南的老市政厅钟楼上。每到整点，钟上的窗户便自动打开，钟声齐鸣，12 张圣像即在窗口出现。凡是到布拉格的游人，总要前往老城广场欣赏这座古老的钟楼。

最著名的啤酒

捷克最著名的啤酒是布拉格西南 80 千米比尔森市酿造的"普拉斯得罗伊"牌啤酒。它是用当地优质泉水和啤酒花，按古代啤酒配方酿造的。据说，它的味道与浓度被誉为世界第一流的。

↑ 著名天文学时钟在布拉格

布拉格城堡

布拉格城堡是世界上面积最大的城堡，位于伏尔塔瓦河的丘陵上，建于公元 7 世纪，最初为波希米亚的皇室宫邸。60 多年来，历届总统办公室均设在堡内，所以又称"总统府"。共和国总统的选举仪式就在这里举行。

↑ 布拉格城堡

温泉之邦——匈牙利

匈牙利是欧洲中部的内陆国,全境以平原为主,是一个风景秀丽的国家。这里温泉遍布,气候四季分明,堪称是世界"温泉之邦"。让我们一起去了解辽阔神秘的巴拉顿湖区,领略多瑙河迷人的风光吧!

多瑙河上的明珠

匈牙利首都布达佩斯坐落在多瑙河畔,是欧洲著名的古城,被誉为"多瑙河上的明珠"。多瑙河将布达佩斯市一分为二,河西岸是布达,东岸是佩斯。这里有宏伟的国会大厦、渔人堡,还有赫赫有名的英雄广场。

► 多瑙河是流经国家最多的河,它将匈牙利首都布达佩斯一分为二。

马特劳山

马特劳山位于匈牙利的北部,是匈牙利著名的山区游览地。马特劳山间分布着瀑布溪流,在狭长幽深的山谷里,旅店、山庄和度假房舍随处可见。马特劳山的南坡盛产葡萄,真哲什生产的葡萄酒闻名世界。

● 渔人堡

渔人堡

渔人堡位于布达佩斯的城堡山上，是一座具有古罗马风格、造型别致的建筑。建于 20 世纪初。这里环境优美，景色秀丽，站在渔人堡上可以鸟瞰多瑙河美丽迷人的风光。

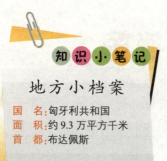

知识小笔记

地方小档案

国　名：匈牙利共和国
面　积：约 9.3 万平方千米
首　都：布达佩斯

温泉王国

匈牙利温泉资源丰富，拥有已开发温泉 1 300 多处，是世界排名第二的欧洲医疗温泉王国；而布达佩斯有温泉 500 多处，其中以装修豪华的帝王池温泉和欧洲最大的温泉中心塞切尼温泉浴场最为著名。

↑ 塞切尼温泉浴场

巴拉顿湖区

巴拉顿湖区是中欧最大的淡水湖，也是匈牙利最著名的旅游胜地之一。巴拉顿湖湖水含盐量平均每千克达 0.5 克，有较高的医疗价值。这里形状稀奇古怪的火山熔岩和古堡遗迹，吸引着世界各地的游客。

↑ 巴拉顿湖区远景

欧洲的心脏——德国

德国位于欧洲中部,是欧洲邻国最多的国家,有"欧洲的心脏"之称。让我们一起去音乐家贝多芬的故乡,倾听那优美的《田园交响曲》;坐着古老的奔驰汽车,去德国乡村寻找格林童话中灰姑娘美丽的水晶鞋。

文化名城柏林

柏林是德国的首都和最大的城市,位于德国东北部,四面被勃兰登堡州环绕,是东西方的交汇点。这里的建筑多姿多彩,古典建筑和现代建筑群随处可见。柏林是世界重要的文化学术交流场所,全年几乎都有文化节。

◀ 柏林勃兰登堡门的雕像

迷人的莱茵河

莱茵河是欧洲著名的河流,也是德国最长的河流,全长 1 320 千米,从瑞士发源,流经瑞士、德国、法国、荷兰四个国家,在德国境内有 800 多千米。沿着科隆市莱茵河畔漫步,会是一种极美的享受。

莱茵河流经科隆

举世闻名的音乐

德国音乐闻名于世，德国是世界著名的音乐之乡，诞生了许多著名的音乐大师：巴赫、贝多芬、斯特劳斯等。德国人非常喜爱音乐，约每 4 个德国人就有 1 人会熟练演奏一种乐器或在合唱团唱歌。

知识小笔记

地方小档案

国　名：德意志联邦共和国
面　积：约 35.7 万平方千米
首　都：柏林

▲ 音乐大师贝多芬于 1770 年 12 月 16 日出生在德国莱茵河畔的波恩小城

科隆大教堂

科隆大教堂是世界上最完美的哥特式教堂，也是欧洲北部最大的教堂，位于德国科隆市中心美丽的莱茵河畔，素有"欧洲最高尖塔"之称。建造前后整整持续了 632 年，是欧洲建筑史上建造时间最漫长的建筑物之一。

▲ 科隆大教堂

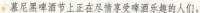
▲ 慕尼黑啤酒节上正在尽情享受啤酒乐趣的人们。

啤酒节和慕尼黑

啤酒节是慕尼黑的传统民间节日，至今已有近 200 年的历史，是全球最盛大的民间节日之一。如今每年 9 月，慕尼黑都要举行隆重的啤酒节，人们聚集在一起，载歌载舞，杯不离手，热闹异常。慕尼黑因此被称作"啤酒城"。

音乐之邦——奥地利

奥地利地处欧洲中心，是著名的山国，连绵起伏的阿尔卑斯山横贯境内，美丽的多瑙河蜿蜒流淌。在这个美丽的国度，我们将去一睹维也纳音乐厅的风采，聆听到世界上最美妙的音乐，享受有趣的美食。

金色大厅

金色大厅是奥地利首都维也纳最古老、最现代化的音乐厅，也是每年举行"维也纳新年音乐会"的法定场所。在每年的新年音乐会的电视转播中，全世界的爱乐者都可以在聆听音乐的同时一睹"金色大厅"的风采。

▲维也纳金色大厅

维也纳国家歌剧院

维也纳国家歌剧院是世界上一流的大型歌剧院，是音乐之都——维也纳的主要象征，素有"世界歌剧中心"之称。前厅和侧厅都用大理石砌成，内部绘有精美壁画，挂有大音乐家和名演员的照片，可容纳 1 600 名观众。

▲维也纳国家歌剧院

维也纳国家歌剧院

萨尔茨堡国际艺术节

萨尔茨堡国际艺术节始于 1820 年，如今已成为奥地利第一大艺术节，也是世界上最有影响的艺术节之一。初衷是为了纪念音乐家莫扎特而设立的节日，后来发展成为国际艺术节，规模越来越大。

▶ 萨尔茨堡位于奥地利西北部，是大作曲家莫扎特的出生地。这里的建筑艺术堪与威尼斯和佛罗伦萨相媲美，有"北方罗马"之称。

知识小笔记

地方小档案

国　名：奥地利共和国
面　积：约 8.39 万平方千米
首　都：维也纳

维也纳舍恩布龙宫

舍恩布龙宫位于奥地利首都维也纳西南部，亦称"美泉宫"，是奥地利哈布斯堡王室的避暑离宫。1694 年由玛利亚·特利萨女王下令修建，整座宫殿纤巧华美、优雅别致，共有 1 400 个房间。

▶ 坐落在奥地利首都维也纳市区西南边缘的舍恩布龙宫，是特利萨女皇的避暑离宫。

日食五餐

奥地利人继承了古罗马人日食五餐的传统。早餐比较简便，中午不到又是一顿有鱼或冻肉的便餐，接着就是一天中最重要的上有四道菜的午餐，然后是一顿备有面包和甜点的午茶，最后是晚餐。

欧洲水塔——瑞士

瑞士是一个山清水秀的国家,位于欧洲中部,东邻奥地利和列支敦士登,南面与意大利为邻,西面与法国接壤,北部与德国交界。瑞士是一个山国,欧洲大陆三大河流发源地,有"欧洲水塔"之称。

首都伯尔尼

瑞士首都伯尔尼是一座具有悠久历史的城市,位于瑞士的中西部。阿勒河把该城分为两半,西岸为老城,东岸为新城。伯尔尼市内有一个著名的熊苑,400多年前就开始养熊,现已成为伯尔尼的著名标志。

↑瑞士首都伯尔尼

国际名城日内瓦

日内瓦坐落在风景如画的莱蒙湖畔,其南、东、西三面都与法国接壤,地理位置非常重要。日内瓦是一个国际性城市,它不但集中了很多国际机构(如联合国日内瓦总部、国际红十字会),还是世界各国游客云集的地方。

↑日内瓦湖上的大喷泉

日内瓦著名建筑——万国宫

万国宫

万国宫，又称国联大厦，是联合国驻日内瓦办事处，又名联合国欧洲总部。万国宫是瑞士日内瓦的著名建筑，位于日内瓦东北郊的日内瓦湖畔，与巍峨的阿尔卑斯山遥遥相望。

知识小笔记

地方小档案

国　名：瑞士联邦
面　积：约4.13万平方千米
首　都：伯尔尼

世界最长隧道

正在修建中的瑞士圣哥达隧道是世界上最长的隧道，位于瑞士中南部，于1996年动工。这项"世界之最"工程将穿越阿尔卑斯山底，隧道全长57千米，如今，85%的隧道已经挖掘完毕，计划2017年完工。

拉沃梯田式葡萄园

拉沃梯田式葡萄园位于瑞士沃州的莱蒙湖畔，犹如一个漂亮的绿色公园，处在著名旅游城市洛桑和沃韦之间，脚下是波光粼粼的莱蒙湖，对岸是连绵起伏的阿尔卑斯山。2007年，拉沃梯田式葡萄园被列为世界文化遗产。

沉醉莱蒙湖脚下的拉沃梯田式葡萄园

绅士之国——英国

英国是一个气候温和、风景优美的国家，欧洲西部的一个岛国，世界大国之一，由大不列颠岛、爱尔兰岛东北部和一些小岛组成。提起英国人，人们对英国男士的第一感觉是非常的绅士，英国因此被誉为"绅士之国"。

迷人的伦敦

英国的首都伦敦是英国第一大城市和最繁忙的海港。这里有女王居住的白金汉宫、著名的大本钟和议会大厦。泰晤士河横贯伦敦市中心，河上有 30 多座桥，人们可以在许多地点过河。

▶伦敦

壮丽的伦敦塔桥

伦敦塔桥是泰晤士河上最著名的一座吊桥。河中的两座桥基高 7.6 米，相距 76 米，桥基上建有两座高耸的方形主塔。从远处观望塔桥，双塔高耸，极为壮丽。伦敦塔桥是伦敦的象征，有"伦敦正门"之称。

▶闻名世界的伦敦塔桥

金碧辉煌的白金汉宫

白金汉宫是英国的王宫，建造在威斯敏斯特城内，1703 年为白金汉公爵所建而得名。如果你来到这里，看到在白金汉宫的正上方飘着女王旗，就说明女王在皇宫中。如果正逢夏季，你还可以进去参观。

↑ 白金汉宫

大本钟

大本钟即威斯敏斯特宫钟塔，建于1858 年，是英国伦敦著名的古钟，以最为和谐和准确的报时声而闻名。安装在泰晤士河畔议会大厦旁边的钟楼里，大本钟巨大华丽，重达 13.5 吨，是英国的象征。

知·识·小·笔·记

地方小档案

国　名：大不列颠及北爱尔兰联合王国

面　积：24.41 万平方千米

首　都：伦敦

↑ 苏格兰威士忌

→ 大本钟

苏格兰威士忌

英国苏格兰威士忌历史悠久，在世界上最负盛名。苏格兰高地的特殊水质和极为严格的酿造工艺，使那里出产的威士忌被誉为"液体黄金"。

小型马

在英国，马的高矮和体型各异，既有小孩可以骑的小型马，也有用来干活儿的大型马。设得兰群岛上的小型马高约 89 厘米，你别看它体型小，它的体格特别强壮，能够抵御寒冷和潮湿，还能拖拉比自己重两倍的重物呢！

风车之国——荷兰

享 有"欧洲花园"之称的荷兰位于欧洲西部，西北两面濒北海，东临德国，南接比利时。这里气候宜人，美丽的郁金香随处可见，古老的风车举世闻名，让我们穿上木鞋，一起去品尝那可口诱人的奶酪吧！

首都阿姆斯特丹

荷兰首都阿姆斯特丹位于艾瑟尔湖西南岸，是荷兰最大的城市和最繁忙的港口。700 年前，这里曾经是一个小渔村，如今变成了一个发达的国际大都市和旅游胜地，每年都有世界各国的游客旅游观光。

阿姆斯特丹市内蜿蜒流淌的运河，河道两边耸立着各具特色的建筑。

知识小笔记

地方小档案

国　名：荷兰王国
面　积：约 4.15 万平方千米
首　都：阿姆斯特丹

特色木鞋

木鞋是荷兰的特色产品。由于荷兰光照期短、地势低洼，全年晴好天气不足 70 天，这使爱阳光的荷兰人不得不穿上敦实的木鞋对付潮湿的地面。后来，精明的荷兰人把木鞋制作发展成一门工艺，木鞋因此扬名世界。

荷兰四宝（风车、郁金香、奶酪和木鞋）之一——木鞋

梵高美术馆

梵高美术馆

梵高是荷兰最有名的画家。梵高美术馆位于阿姆斯特丹市内，建于1973年。这里收藏着梵高黄金时期最珍贵的200幅画作，其中包括举世闻名的《向日葵》。

荷兰风车

风车节

风车在荷兰有悠久的历史，荷兰人不但用它来排水灌溉，还用它磨面发电，因此风车被荷兰人视为国宝。每年5月的第二个星期六是荷兰的风车节，这一天，全国所有的风车都被打扮得花枝招展，一齐转动，人们载歌载舞来欢庆节日。

郁金香是荷兰的国花，象征美好、庄严、华贵和成功。荷兰人对郁金香非常钟爱，每逢集市、花展，郁金香总是充当主角。

高个子的荷兰人

荷兰是世界上平均身高最高的国家，荷兰本土原始居民，男子平均身高1.90米，女子平均身高1.80米。荷兰居民（包括移民的外国人），男子平均身高1.86米，女子1.72米。

现代欧洲的心脏——比利时

比利时位于欧洲西北部,东与德国接壤,北与荷兰比邻,南与法国交界,西临北海,是一个美丽富饶的国度,也是一个充满生命活力的低地小国。由于多个国际组织总部设于首都布鲁塞尔,该国因此被称为"现代欧洲的心脏"。

"欧洲首都"——布鲁塞尔

比利时首都布鲁塞尔是欧洲联盟、北大西洋公约组织等多个国际组织的总部所在地。每年有众多国际会议在此召开,另有 200 多个国际行政中心和超过 1 000 个官方团体在此设有办事处,布鲁塞尔因此被称为"欧洲首都"。

知识小笔记

地方小档案

国　名:比利时王国
面　积:3.05 万平方千米
首　都:布鲁塞尔

"中国宫"

"中国宫"位于布鲁塞尔北郊,是一座典型的中国式楼阁建筑。1900 年,法国巴黎举办万国博览会,会上一座结构巧妙新颖的"中国宫"吸引了比利时国王,他当即买了下来,后重建于比利时国王的御花园里,成为比利时王室的专有物。

布鲁塞尔大广场是布鲁塞尔最主要的商业场所。夜幕降临后,在街灯的装点下,整个广场如同美丽的童话世界。

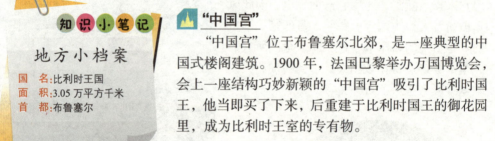

小尿童塑像

闻名的"布鲁塞尔第一公民"的撒尿男孩铜像位于布鲁塞尔的埃杜弗小街，仅高 50 厘米。传说，西班牙占领者打算炸毁城市，幸亏一个小男孩用尿浇灭了导火线而拯救了全城。后来，为纪念小英雄，市民们就雕刻了此像。

在班什狂欢节上，当地居民戴着传统蜡制面具参加游行。

小尿童塑像是首都布鲁塞尔的象征。塑像儿童头发微卷，看上去天真无邪，他叉腰挺肚、当众撒尿的那份憨稚，总让游客们忍俊不禁。

班什狂欢节

班什位于比利时中部的海诺省，离首都布鲁塞尔约 56 千米。每年 2 月，这里都要举行狂欢节。届时，外地涌来观看的游客人山人海，当地的这一节庆以其别具风格的小丑服装而名扬欧洲。

原子塔

原子塔位于布鲁塞尔西北郊的海塞尔高地，是布鲁塞尔十大名胜之一，有比利时的艾菲尔铁塔之美称。它建成于 1958 年，9 颗圆球代表 9 粒铁原子，也象征比利时 9 省。圆球直径 18 米，各球体之间由长 26 米、直径约 3 米的不锈钢管相连接。

布鲁塞尔的原子球塔有"比利时的埃菲尔铁塔"之称

浪漫之都——法国

法 国位于欧洲西部，三面临海，呈六边形，是西欧面积最大的国家。让我们去认识天性浪漫的法国人，欣赏《蒙娜丽莎》，品尝醇正的法国红葡萄酒，在埃菲尔铁塔上眺望整个美丽的巴黎吧。

浪漫迷人的巴黎

法国首都巴黎位于法国盆地中央，风景秀丽的塞纳河畔，是一座迷人又繁忙的城市。这里矗立着誉满全球的埃菲尔铁塔、卢浮宫和巴黎圣母院，有世界上最美丽的大街——香榭丽舍，吸引着世界各地的游客。

↑ 美丽的香榭丽舍大街

美丽的塞纳河

塞纳河是法国河流中流程很短但极负盛名的一条河，全长 780 千米。它像一条玉带，静静地流过巴黎市区，乘塞纳河的游船欣赏两岸的名胜，可以看到诸多名胜，如卢浮宫、巴黎圣母院、埃菲尔铁塔等。

↓ 流经法国的美丽的塞纳河

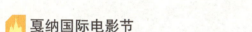

▲ 卢浮宫门前的玻璃金字塔

🏛 卢浮宫

卢浮宫是法国历史上最悠久的王宫，也是世界上最古老、最大、最著名的博物馆之一，位于法国巴黎市中心的塞纳河北岸，始建于1204年，与伦敦的大英博物馆、纽约的大都会艺术博物馆并称为世界三大博物馆。

🏛 埃菲尔铁塔

埃菲尔铁塔位于巴黎市中心塞纳河南岸，是巴黎的标志性建筑，建于1889年，被法国人称为"铁娘子"。它高达300多米，由7000多吨钢铁建造，像一个钢铁巨人高高地耸立在恬静的塞纳河畔。

► 埃菲尔铁塔

🏛 戛纳国际电影节

戛纳位于地中海岸边，是一座风景秀丽、气候宜人的小城。每年这里都要举办热闹非凡的戛纳国际电影节，其颁发的金棕榈奖被公认为电影界最高荣誉之一。戛纳国际电影节是世界五大电影节之一，每年5月举行，为期两周左右。

知识小笔记

地方小档案

国　　名：法兰西共和国
面　　积：约55.16万平方千米
首　　都：巴黎

葡萄之国——罗马尼亚

罗马尼亚位于东南欧巴尔干半岛东北部，西北与匈牙利接壤，东南临黑海。由于人们钟爱葡萄，因此有"葡萄之国"之称。让我们一起品尝甜甜的葡萄，去了解热情好客的罗马尼亚人，参观宏伟壮丽的国民议会宫吧！

▲ 布加勒斯特的巴萨拉布桥

布加勒斯特

罗马尼亚的首都布加勒斯特位于罗马尼亚东南部，是罗马尼亚第一大城市。布加勒斯特在罗马尼亚语中意为"欢乐之城"，整座城市遍布花园，到处绿草如茵，因此有"花园城市"之称。

国民议会宫

国民议会宫坐落在布加勒斯特市中心，又名"人民宫"，共有1 000多个房间。建于1984年，地上10层，低下6层，至今仍有部分地方没有完工。国民议会宫规模宏大，外观宏伟壮丽，光地毯就用了20万平方米。

▲ 位于布加勒斯特市中心的国民议会宫

乡村博物馆

著名的乡村博物馆位于布加勒斯特的海勒斯特勒乌公园内，是一个介绍罗马尼亚乡村建筑、民间艺术和习俗的博物馆，始建于1936年。馆内散布着66座乡村建筑。有些院落至今还有人居住，每年吸引很多国内外游客。

▶乡村博物馆

知识·小·笔记

地方小档案

国 名：罗马尼亚
面 积：23.84万平方千米
首 都：布加勒斯特

康斯坦察

康斯坦察是黑海海滨城市，是罗马尼亚最大的海港，也是罗马尼亚通往各大洲的重要门户和全国造船业中心之一，素有"黑海明珠"之称。这是一个非常繁忙的港口，罗马尼亚超过一半的进出口货物通过此港口。

神秘的布朗城堡

布朗城堡，又名吸血鬼城堡，位于罗马尼亚中西部地区。其实，这座城堡是一座古老而严密的战斗堡垒，只是后人赋予它极具神秘和恐怖的色彩罢了。在城堡门口，如今仍立有一个告示牌：不许在夜间进入城堡。

▼布朗城堡——吸血鬼城堡

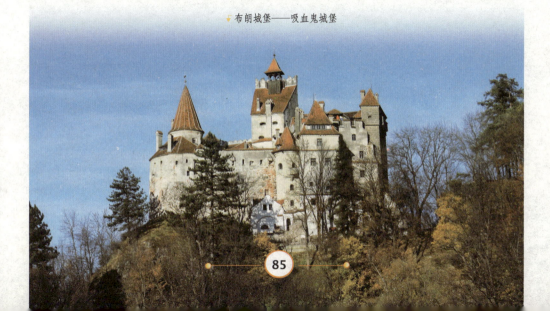

奥运发源地——希腊

希腊是一个美丽的国家,是欧洲文明的发祥地,创造过灿烂的古代文化。它位于欧洲南部巴尔干半岛南端。希腊是奥运会发源地,早在2 700多年前,古希腊人就在奥林匹亚村举行了人类历史上最早的运动会。

雅典娜

"西方文明的摇篮"

希腊首都雅典位于巴尔干半岛南端,是世界上最古老的城市之一,得名于女神阿西娜。历史上许多著名的哲学家、政治家和文学家都在雅典诞生或居住过,至今仍保留着很多历史遗迹和大量的艺术作品,雅典也因此被称作"西方文明的摇篮"。

雅典卫城

雅典卫城是供奉阿西娜的地方,也是希腊最杰出的古建筑群,距今已有3 000年的历史。它位于雅典城中心偏南的一座小山顶的台地上,1987年被列入《世界遗产名录》。如今这里是世界闻名的游览胜地。

↓旅游胜地雅典卫城

帕特农神庙

帕特农神庙又称"万神殿",是雅典卫城的主题建筑,也是供奉阿西娜女神的主神庙。这座神庙矗立在卫城的最高点,是希腊全盛时期建筑与雕刻的主要代表,有"希腊国宝"之称。

►帕特农神庙如今只剩下残垣断壁

"体育运动之神"

掷铁饼者雕塑高约 152 厘米,是 2 000 多年前著名雕塑家米隆的作品。该雕塑刻画的是一名强健的男子在掷铁饼过程中最具有表现力的瞬间,直到今天仍然是代表体育运动的最佳标志,被誉为"体育运动之神"。

奥林匹斯山

奥林匹斯山海拔 2 917 米,是希腊最高峰。山顶终年积雪,云雾笼罩。在古希腊神话中,被认为是众神的居留地,希腊和小亚细亚也有其他称为"奥林帕斯"的山丘、村庄和神话人物。

▲掷铁饼者,大理石雕复制品。其取材于希腊的现实生活中的体育竞技活动,被誉为"体育运动之神"。

知 识 小 笔 记

地方小档案

国　名:希腊共和国
面　积:约 13.2 万平方千米
首　都:雅典

艺术之邦——意大利

意大利位于欧洲南部,地中海的北岸,包括"靴子型"的亚平宁半岛及西西里岛、撒丁岛等岛屿。让我们去欣赏旖旎美丽的水上城市——威尼斯,参观古老的米兰大教堂,领略 2 000 多年前庞贝人的智慧和热情。

永恒之城——罗马

意大利首都罗马是一座历尽沧桑的古城,古罗马帝国的发祥地。这里有许多名胜古迹,如万神殿、恺撒庙以及古罗马竞技场等。各种雕塑、喷泉遍布城内,教堂、修道院随处可见,真令人流连忘返。

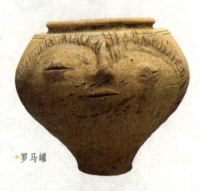

▶罗马罐

佛罗伦萨

历史名城佛罗伦萨是文艺复兴的发源地,曾经创造出人类历史上最璀璨的文明。但丁、波提切利、"文艺复兴三杰"都曾在这里留下不朽大作。这里有大量的博物馆、画廊、宫殿以及众多的教堂,如今,是著名的旅游胜地。

▶佛罗伦萨是一座历史悠久的文化名城。

庞贝古城遗址

公元 79 年，庞贝古城被附近的维苏威火山喷发后淹没，后来经过考古学家挖掘，人们从庞贝古城遗址可以看出古罗马时代的社会生活。庞贝古城遗址被联合国教科文组织列为世界遗产。

➡在罗马帝国时代，繁华的庞贝城是当时的经济、政治、宗教中心之一。

迷人的水上城市

世界名城威尼斯坐落于意大利东北部，濒临威尼斯湾，是一座举世闻名的"水都"，举世闻名的旅游名城。全城由 118 个小岛组成，170 多条纵横交错、四通八达的水道，通过 400 多座形态各异的桥梁，把水城连为一体。

◀水上威尼斯

知识·小·笔记

地方小档案

国　名:意大利共和国
面　积:约30.1万平方千米
首　都:罗马

古罗马竞技场

古罗马竞技场，又称为斗兽场，位于威尼斯广场的东南面，是罗马时代最伟大的建筑之一，也是保存最好的一座圆形竞技场。这是古代作为竞技、表演和行刑的场所，始建于公元前 80 年，可容纳观众近 11 万人。

◀罗马竞技场

世界上最小的国家——梵蒂冈

梵 蒂冈是世界上最小的国家，坐落在意大利境内，是一个"国中之国"。有趣的是，梵蒂冈境内没有农业和工业，人们的生产生活必需品都由意大利供给。梵蒂冈虽然面积不大，却十分有名，让我们一起去那里看看吧！

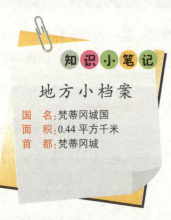

知 识 小 笔 记

地方小档案

国　名：梵蒂冈城国
面　积：0.44 平方千米
首　都：梵蒂冈城

🔸圣彼得广场

国家首脑

在梵蒂冈，宗教领袖——教皇是国家的首脑，他自称"基督在世代表"，是世界天主教徒的精神领袖。教皇由红衣主教选出，终身任职。教皇的选举是梵蒂冈神圣而庄严的事情，必须得到 2/3 以上的选票才能当选。

圣彼得广场

闻名世界的圣彼得广场位于梵蒂冈最东面。圣彼得广场是意大利巴罗克时期的建筑杰作，被称为世界上最对称、最壮丽的广场。每逢周日，人们就会聚集在广场上，教皇在圣彼得大教堂楼顶向大家发表晨祷词。

圣彼得大教堂

圣彼得大教堂坐落在圣彼得广场西面，建于公元 1626 年，是全世界最大的教堂，也是欧洲天主教徒的朝圣地。教堂里藏有很多艺术珍品，如米开朗基罗的大理石雕像《哀悼基督》。

➡圣彼得大教堂。梵蒂冈历史悠久，集中了一批举世无双的艺术品和建筑杰作，圣彼得大教堂是全城的中心，也是世界上最大的宗教建筑。

↑梵蒂冈博物馆内部

梵蒂冈博物馆

梵蒂冈博物馆位于圣彼得教堂北面，建于公元 5 世纪末，早期为教皇的一座宫廷，后来改成综合性博物馆，收藏有文艺复兴时期艺术大师拉斐尔的艺术珍品和其他名家的原作，这些均属无价之宝。

梵蒂冈宫

梵蒂冈宫位于圣彼得广场对面，自 14 世纪以来，一直是历代教皇的住所。宫内有举世闻名的西斯廷小教堂，里面保存有艺术大师米开朗基罗的著名壁画——《创世纪》和《最后的审判》。

↓梵蒂冈宫

斗牛王国——西班牙

西班牙位于欧洲西南部，面积居西欧第二位。西班牙是最早发展起来的西方国家，曾在海上称霸一时，到了现代也仍然是欧洲举足轻重的国家之一。这里有世界上最著名最激烈的斗牛比赛，让我们去看看吧！

首都马德里

西班牙首都马德里位于伊比利亚半岛梅塞塔高原中部，是西班牙最大的城市，也是欧洲地势最高的首都。在历史上，因战略位置重要而素有"欧洲之门"之称。市内有许多名胜古迹和世界闻名的绘画展览馆，如普拉多博馆、马约尔广场等。

西红柿狂欢节

西班牙有很多节日，最奇特的节日就要数西红柿狂欢节了。西红柿狂欢节也叫"西红柿大战"，始于1944年。在节日里，人们手拿熟透了的西红柿，互相扔来扔去，以庆祝丰收。

知识小笔记

地方小档案

国　名：西班牙王国
面　积：约50.6万平方千米
首　都：马德里

★世界闻名的马约尔广场

国粹斗牛

斗牛是西班牙的国粹，它代表了西班牙的民族精神。在西班牙，斗牛是一项盛况空前的活动，斗牛季节为每年的 3 ~ 10 月，一般在礼拜天或假日举行。在与公牛的搏斗中，斗牛士们要想方设法激怒公牛，让场面变得惊险而刺激。

↑ 斗牛表演中，斗牛士往往显得非常潇洒、飘逸，而当与被激怒的公牛正面交锋时，则展现出其勇敢、无畏的一面。

埃尔切的神秘剧

埃尔切的神秘剧是关于死亡、假想和童贞的神圣的音乐剧。从 15 世纪开始，该剧就得到罗马教皇的特别许可而在圣玛丽大教堂演出。1931 年，神秘剧被西班牙政府宣布为"国家纪念碑"，且受法律保护。

美丽的巴塞罗那

巴塞罗那是西班牙第二大城市，位于西班牙东北部地中海沿岸。这里气候宜人、风光旖旎、古迹遍布，素有"伊比利亚半岛的明珠"之称，是西班牙最著名的旅游胜地。毕加索、米罗、达利等大艺术家都诞生于此。

↓ 美丽的巴塞罗那

南美洲

　　南美洲是"南亚美利加洲"的简称，位于西半球南部。东临大西洋，西濒太平洋，北滨加勒比海，南隔德雷克海峡与南极洲相望，以巴拿马运河为界，同北美洲相分。面积约 1 797 万平方千米，大部分地区属热带雨林和热带草原气候，气候温暖湿润。南洲有 13 个国家和地区。

黄金之国——哥伦比亚

哥伦比亚位于南美洲西北部，接近巴拿马运河，地理位置十分重要，被称作"南美洲的门户"。这里盛产绿宝石和鲜花，并以开采黄金历史悠久、黄金制品精美而驰名世界，所以素有"黄金之国"的美称。

古香古色的波哥大

首都波哥大是哥伦比亚第一大城市，气候凉爽，四季如春。市区中既有现代化的高楼大厦，也有殖民地时期的古老建筑，在玻利瓦尔广场中央矗立着被称为"拉美解放者"的玻利瓦尔的雕像。

知识小笔记

地方小档案

国　名：哥伦比亚共和国
面　积：约114.17万平方千米
首　都：波哥大

鲜花节

哥伦比亚是世界上主要的鲜花生产国和出口国之一，一年一度的鲜花节已经成为哥伦比亚提高鲜花种植业的知名度和推动鲜花出口的盛会。每逢鲜花节举办期间，人们就精心制作花盘，并背着它在大街上展示一番。

◂ 古香古色的首都波哥大全景

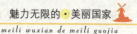

圣阿古斯丁考古公园

　　圣阿古斯丁考古公园位于哥伦比亚的乌伊拉省，海拔 1 700 米，非常适宜农耕。园内各处遗址比较分散，大多是石雕像、石棚、石柱和墓地。1995 年，被联合国教科文组织列入《世界遗产名录》。

▲ 圣阿古斯丁考古公园

▲ 西帕基拉盐矿大教堂

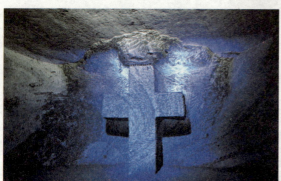

西帕基拉盐矿大教堂

　　西帕基拉盐矿大教堂是世界上最大的地下盐矿教堂，建于 1810 年，是哥伦比亚最著名的景点。为了看这座位于地下 100 多米的盐教堂，每年有数百万的旅行者前往，当地人甚至称它为世界八大奇迹之一。

卡塔赫纳

　　卡塔赫纳是哥伦比亚位于加勒比海的港口城市，以美丽的海滩和精美的建筑著称。在这个古老的城市中，游客可以看到西班牙式的堡垒，众多教堂、广场和宫殿遗迹。此外，卡塔赫纳的海滩也是潜水爱好者的度假胜地。

▲ 卡塔赫纳是哥伦比亚著名城市，被誉为"加勒比海的明珠"。

"小威尼斯"——委内瑞拉

委内瑞拉位于南美洲北部,全境处于热带,是世界上重要的石油生产国。500多年前,一支探险队首次抵达这里,发现这里水上村落星罗棋布,很像水城威尼斯,于是就将这里称为"委内瑞拉",意为"小威尼斯"。

"春城"加拉加斯

委内瑞拉首都加拉加斯是南美洲著名的历史古城,位于加勒比海之滨的阿维拉山南麓的一个三面环山的谷地。由于地处热带,气候温和,常年如春,被誉为"春城"。市内除古代建筑外,还有许多现代化的高楼大厦、博物馆和高等学校。

知识小笔记

地方小档案

国　名:委内瑞拉玻利瓦尔共和国
面　积:91.67万平方千米
首　都:加拉加斯

国父——玻利瓦尔

委内瑞拉的国父西蒙·玻利瓦尔是19世纪南美争取民族独立的英雄。在位于加拉加斯老城区的玻利瓦尔广场中心,矗立着持刀挥帽的玻利瓦尔铜像。这里有许多地方都是以玻利瓦尔的名字命名的,如玻利瓦尔大学、玻利瓦尔大道等。

加拉加斯弗朗西亚广场

安赫尔瀑布

安赫尔瀑布是世界最高、落差最大的瀑布。位于委内瑞拉东南部的丘伦河上，名字来源于发现者——美国探险家安赫尔。安赫尔瀑布隐藏在高山密林里，最高落差979米，只有乘飞机才能看到它的全部雄姿。

↑卡奈马国家公园

卡奈马国家公园

卡奈马国家公园位于安赫尔瀑布下游地区，建于1962年，是委内瑞拉第二大国家公园，1994年被联合国教科文组织宣布为世界自然遗产。园内的热带森林、草原、河流和瀑布群形成的景观非常秀美，每年都有慕名而来的世界各地游客。

↑壮观的安赫尔瀑布

马拉开波湖

马拉开波湖位于境内的西北部，南北长155千米，东西宽95千米，是世界上产量最高、开采最悠久的"石油湖"。湖区储油量约50亿桶，从湖的东西两岸眺望湖面，只见井架林立、油管密布、油塔成群，景色十分壮观。

↑马拉开波湖

新年习俗

委内瑞拉人的新年习俗千奇百怪。人们认为黄色代表财富，在新年来临之际，人们都要贴身穿着黄色衣服，期望来年能够发财。如果来年有外出打算，出行者就会拎起一个行李箱，在住处周围走上一圈。

玉米之仓——秘鲁

秘鲁位于南美洲西部，是一个拥有多个种族，多种语言和多种文化的国度。秘鲁在印第安语中意为"玉米之仓"，因此地盛产玉米而得名。这里有闻名世界的"不雨城"，还有建在山丘上的马丘比丘古城，我们一起去看看吧！

世界"不雨城"

秘鲁首都利马跨里马克河南、北岸，利马的名字即来源于里马克河，四季无雨，是世界闻名的"不雨城"。这里的街道上没有一处下水道，城里的居民住宅都是土坯房，有的住房干脆就是用纸板拼成的，有的住房甚至连房顶也没有。

▲ 利马阿玛斯广场

马丘比丘古城

马丘比丘古城为世界七大奇迹之一，是秘鲁最受欢迎的旅游景点之一。马丘比丘被称作"失落的印加城市"，是秘鲁一个保存完好的前哥伦布时期的印加遗迹。据推测，马丘比丘建于15世纪，整个遗址高耸在海拔2 400米的山脊上。

◀ 马丘比丘古城

皇家费利佩城堡

皇家费利佩城堡位于首都利马以西 14 千米处，占地 7 万平方米，是西班牙殖民统治者在美洲殖民地修筑的规模最大的防御工事。远远望去，淡黄色的城墙内碉堡矗立，在万里晴空下尤显肃穆壮观。

纳斯卡巨画

在秘鲁南部的纳斯卡地区，存在着一个 2 000 年的谜：一片绵延几千米的线条，构成各种生动的图案，镶刻在大地之上。这些图案究竟是用来干什么的？目前，比较公认的说法是古纳斯卡人分配水源的标志，而那些图案是不同家族的族徽。

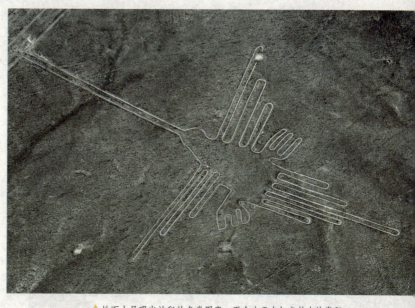

▲ 地面上呈现出神秘的各类图案，至今也无人知晓其中的奥秘。

"秋摇"遮耳帽

"秋摇"遮耳帽是安第斯山区居民常用的御寒物品，如今，已经成为秘鲁富于民族特色的手工艺品。一般用羊驼毛或羊毛织成，设计古朴，有遮耳，缀流苏，五颜六色，保暖效果非常好。

◀ 秘鲁女孩穿着传统服饰是极具民族特色的手工艺制品

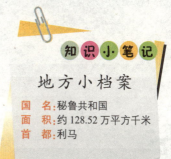

知识小笔记

地方小档案

国　名：秘鲁共和国
面　积：约 128.52 万平方千米
首　都：利马

足球大国——巴西

巴西是一个多姿多彩的国家，位于中南美洲，东临大西洋，国土面积居世界第五。巴西是世界足球大国，足球运动不仅是巴西民众的共同爱好，也是整个民族的骄傲。巴西职业球队之多，可谓世界之冠，因此有"足球大国"的美誉。

⬅ 伊瓜苏瀑布是世界上最大的多级瀑布

年轻的城市

巴西首都巴西利亚是一座年轻的现代化城市。它是20世纪中期一片荒野上建造起来的新首都。1987年，巴西利亚被联合国教科文组织确定为"人类文化遗产"，成为众多璀璨辉煌的世界人类文化遗产中最年轻的一个。

伊瓜苏国家公园

有"魔鬼之喉"之称的伊瓜苏瀑布是世界五大瀑布之一，位于阿根廷和巴西两国边境。巴西与阿根廷各在瀑布旁设立国家公园。1986年，巴西伊瓜苏国家公园被联合国教科文组织作为自然遗产，列入《世界遗产名录》。

"咖啡王国"

巴西以咖啡质优、味浓而驰名全球，是世界上最大的咖啡生产国和出口国，素有"咖啡王国"之称。在巴西，无论在城市还是乡村，各式各样的咖啡屋随处可见。人们几乎随时随地都可以喝到浓郁芳香的热咖啡。

▸咖啡豆

▲ 桑巴舞着装

桑巴舞

桑巴舞被称为巴西的"国舞"，人们不分男女老幼，平时跳，节假日更跳。每当音乐声起，人们总是情不自禁地跳起来。桑巴舞演员无论男女，都身着华美绝伦、色彩艳丽的服装。

狂欢节

巴西狂欢节被称为世界上最大、最奔放的狂欢节，每年吸引国内外游客数百万人。在巴西各地的狂欢节中，尤以里约热内卢为世界上最著名、最令人神往的盛会；而巴伊亚州首府萨尔瓦多市的狂欢节独具特色，是巴西传统和狂欢节精神最真实的体现。

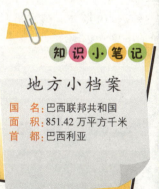

知 识 小 笔 记

地方小档案

国　名:巴西联邦共和国
面　积:851.42 万平方千米
首　都:巴西利亚

▸巴西狂欢节

丝带国——智利

智利位于南美洲西南部，是拉丁美洲比较富裕的国家，它拥有非常丰富的矿、林、水产资源，铜的蕴藏量居世界第一，它还是世界上唯一生产硝石的国家。由于地形狭长，在地图上看，好像南美洲的"裙边"，有"丝带国"的美誉。

首都圣地亚哥

智利首都圣地亚哥是一座美丽的现代化城市，位于智利中部，坐落在马波乔河畔，东依安第斯山。作为"铜矿之国"的首都，处处都能感受到铜的存在。漫步街头，大小各异、千姿百态的纪念铜像让人目不暇接，仿佛置身于铜像的世界。

➡首都圣地亚哥

复活节岛

智利的复活节岛位于太平洋东南部，以神秘巨像名闻遐迩。岛上有 600 多尊面对大海的古代巨大半身石雕像，石像造型奇特，雕技精湛，令人赞叹。1996 年，该岛被联合国教科文组织列为世界文化遗产。

➡复活节岛上的半身石雕像

知识小笔记

地方小档案

国 名：智利共和国
面 积：约 75.66 万平方千米
首 都：圣地亚哥

"铜矿之国"

智利的矿藏、森林和水产资源丰富，以盛产铜而闻名于世，素称"铜矿之国"。已探明的铜蕴藏量达 2 亿吨以上，居世界第一位，约占世界储藏量的 1/3。铜的产量和出口量均为世界第一。

瓦尔帕莱索

瓦尔帕莱索是智利最大、最繁忙的贸易港，也是南美洲太平洋海岸的重要海港。它位于太平洋瓦尔帕莱索海湾南岸，距首都圣地亚哥约 130 千米，始建于 1536 年。这里气候宜人，风景秀丽，是著名的旅游胜地。

↑ 繁华忙碌的瓦尔帕莱索贸易港

"世界旱极"

阿塔卡马沙漠位于智利北部，南北长约 1 100 千米。在阿塔卡马沙漠里人口最密集的城市——安托法加斯塔，全年几乎都是晴天，平均年降水量仅 3 毫米，而周围大部分地方更是几十年，甚至上百年没有下过雨，阿塔卡马沙漠因此而被称为"世界旱极"。

▽ 阿塔卡马沙漠

白银之国——阿根廷

阿 根廷是一个美丽富饶的国度,位于南美洲南部,被称作"白银之国"。在这里,我们将会去大草原了解热情的牧羊人,欣赏激情四射的探戈舞,参观那古老的五月广场,品尝鲜嫩可口的阿根廷烤肉。

首都布宜诺斯艾利斯

"南美巴黎"

阿根廷首都布宜诺斯艾利斯是拉美最繁华的都市之一,西班牙语意为"好空气"。该市位于拉普拉塔河西岸,风景秀美,气候宜人,有"南美巴黎"之称。市内以街心公园、广场和纪念碑众多而著名。

莫雷诺冰川

莫雷诺冰川位于阿根廷南部,是世界上少数活着的冰川。它有20层楼高,绵延30千米,有20万年历史。这里汇聚了几十条冰流和冰块,每隔20分钟左右,就可以看到"冰崩"奇观。

全景佩里托莫雷诺冰川

◀ 在布宜诺斯艾利斯大街上一对情侣跳起了探戈舞

探戈之乡

华丽高雅、热烈奔放的探戈舞源于阿根廷，被阿根廷人视为国粹，发源于阿根廷首都布宜诺斯艾利斯的港口地区。在首都布宜诺斯艾利斯和其他任何一个城市大街上，常常能欣赏到浓浓韵味的探戈舞。

知识小笔记

地方小档案

国 名：阿根廷共和国
面 积：278 万平方千米
首 都：布宜诺斯艾利斯

"美洲巨人"

阿空加瓜山位于阿根廷与智利交界的门多萨省的西北端，海拔 6 964 米，是南美洲最高峰，也是地球上最高的死火山，绰号"美洲巨人"。山麓多温泉，附近著名的自然奇观印加桥为疗养和旅游胜地。

▲ 阿空加瓜山

◀ 拥有 400 多年历史的五月广场

五月广场

五月广场被阿根廷人视为共和国的神经中枢。其前身是"胜利广场"，与布宜诺斯艾利斯城同时诞生，已经有 400 多年的历史。五月广场是阿根廷共和国独立的纪念地，也是阿根廷的象征。广场中心矗立着雄伟的五月金字塔。

内陆国家——巴拉圭

巴拉圭是南美洲中部的内陆国家，巴拉圭河从北向南把全国分为东西两部分：河东为丘陵、沼泽和波状平原，是巴西高原的延伸部分，全国90％以上的人口集中于此；河西为查科地区，大多为原始森林与草原。

"橘城"亚松森

巴拉圭首都亚松森是一座美丽如画的内河港口城市，人们称它为"森林与水之都"，山坡高丘，橘园遍布，收获季节到来时，鲜红的橘子挂满了橘树，宛如一盏盏明亮的灯饰，因而许多人又把亚松森称为"橘城"。

伊帕卡拉伊湖

距亚松森45千米处，有一个驰名世界的伊帕卡拉伊湖。湖长24千米，宽4千米，湖水湛蓝，波光粼粼，巴拉圭人称之为"蓝色的湖"。这里环境清幽，一片树林环绕整个湖泊，林中树木茂盛，鲜花盛开，一派绚丽的亚热带情调。

集古代与现代建筑于一体的亚松森总统府

巴拉圭甜茶

在巴拉圭，有一种植物，名叫甜叶菊，它的叶子非常甜。甜叶菊原产南美巴拉圭东部，当地人称它为"巴拉圭甜茶"，又名"甜草"。它的甜度是蔗糖的300倍，难怪人们赞美甜叶菊为"活糖精"。

甜叶菊的故乡在南美洲巴拉圭、巴西的原始森林小山坡杂草丛中，是多年生草本植物。

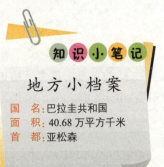

知识小笔记

地方小档案

国　名：巴拉圭共和国
面　积：40.68万平方千米
首　都：亚松森

"让奴地"

在巴拉圭，不论是服装，还是台布、床上用品，人们都喜欢用网状织品。这些编织品是用五颜六色的丝线编织而成的，上面绣有美丽的图案，被巴拉圭人称为"让奴地"。现在，"让奴地"已成为巴拉圭的艺术品。

巴拉圭河

巴拉圭河是南美洲中南部的一条重要河流，全长2 549千米，为南美洲第五大河。它流经巴西和巴拉圭，是巴西与玻利维亚和巴拉圭与阿根廷的边界河。亚松森是巴拉圭河流域上的重要城市。

巴拉圭河是南美洲第五大河，它起源于巴西的马托格罗索省，在阿根廷的科连特斯市北注入巴拉那河，全长2 549千米。

赤道国——厄瓜多尔

厄 瓜多尔位于南美洲西北部，东北与哥伦比亚毗邻，东南与秘鲁接壤，西濒太平洋。因赤道横穿国境北部，厄瓜多尔在西班牙语中就是"赤道"的意思，素有"赤道国"之称。

美丽的基多

厄瓜多尔首都基多海拔2 800多米，是世界上海拔第二高的首都。基多虽接近赤道，但由于地处高原，气候比较凉爽。基多是西半球最美丽的城市之一，也是厄瓜多尔的一座历史名城，被联合国列为世界文化遗产。

厄瓜多尔赤道纪念碑

厄瓜多尔赤道纪念碑落成于1774年，碑高约10米，通体用赭红色花岗岩建成，碑身上刻有"这里是地球的中心"字样。旅客们喜欢站在石阶上拍照留念，双脚分别踏在白线两边，以示自己同时站在南北两个半球上。

知识小笔记

地方小档案

国　名：厄瓜多尔共和国
面　积：约25.64万平方千米
首　都：基多

◀ 厄瓜多尔赤道纪念碑坐落在直径100米的大圆盘上，是世界上最精确的赤道标志。

圣弗朗西斯科教堂

圣弗朗西斯科教堂被视为巴罗克式建筑风格的杰作，它由一座大教堂、几座小教堂和众多的回廊组成。教堂内珍藏着印第安人、西班牙人的绘画和雕塑名作，享有"美洲基多艺术学派珍藏地"的盛誉。

众多节日庆贺

对生活充满热情的厄瓜多尔人非常热衷于节日庆贺。每一个月，几乎都会有不止一个节日或长假，或者宗教活动。节日时，人们都会放下手中的工作，夜以继日地载歌载舞，投身于千姿百态的庆典和忘乎所以的大吃大喝之中。

→基多圣弗朗西斯科教堂

科隆群岛

科隆群岛原名加拉帕戈斯群岛，1978 年被列入《世界遗产名录》。岛上生活着700 多种地面动物，80 多种鸟类和许多昆虫，其中以巨龟和大蜥蜴闻名世界。海狮、海豹、企鹅等寒带动物也常在这里的海边出现，因此被称为"世界最大的自然博物馆"。

→科隆群岛是世界著名的珍稀动物保护地，达尔文曾在这里进行考察，为《物种起源》一书积累了丰富的资料。

北美洲

　　北美洲是"北亚美利加洲"的简称，位于西半球的北部。东滨大西洋，西临太平洋，北濒北冰洋，南以巴拿马运河为界，同南美洲分开。面积为2 422.8万平方千米，是世界第三大洲。其地跨热带、温带、寒带，气候复杂多样。地理上分为东部地区、中部地区、西部地区、阿拉斯加、格陵兰岛等9个地区。

超级大国——美国

美国位于北美洲中部，它的领土几乎横跨整个北美洲大陆，还包括北极边缘的阿拉斯加以及远在太平洋赤道地区的夏威夷。300年前，这里还只是一大片荒原，如今却成为世界经济强国。让我们去这个美丽的国度看看吧！

白宫

白宫是美国总统府所在地，坐落在首都华盛顿市中心区的宾夕法尼亚大街 1600 号，与高耸的华盛顿纪念碑相望。白宫始建于 1792 年，1800 年基本完工。如今，白宫的一部分在规定时间内向全世界公民开放，因此成了游人观光的热点。

知识小笔记

地方小档案

国　名:美利坚合众国
面　积:962.909 万平方千米
首　都:华盛顿

繁华的纽约

纽约是美国最大的城市，也是第一大商港，世界金融中心之一。这里有许多直耸云霄的高大建筑，因此被称为摩天大楼,帝国大厦是纽约最高的建筑之一。这里的大学、博物馆、音乐厅等的数量和规模在美国均居第一。

美丽繁华的纽约

黄石国家公园

　　黄石国家公园简称黄石公园，是世界第一座国家公园，成立于 1872 年。它位于美国中西部怀俄明州的西北角，面积达 7 988 平方千米。1978 年，黄石公园被列为世界自然遗产。这里景色秀丽，引人入胜，其中以每小时喷水一次的"老实泉"最为著名。

▶黄石国家公园的"老实泉"

迪斯尼乐园

　　位于美国加州的洛杉矶迪斯尼乐园是全球第一个，也是最大的迪斯尼乐园。1955 年，由美国动画片先驱沃尔特·迪斯尼创办。这里有众多的卡通明星，大人和孩子都很喜爱这个乐园，每年都有几百万游客来到这里。

◀迪士尼的米老鼠形象风靡世界。

金门大桥

　　金门大桥是世界上最壮观的大桥之一，被誉为近代桥梁工程的一项奇迹。大桥矗立于加利福尼亚州的金门海峡之上，造型宏伟壮观、朴素无华。桥身呈朱红色，横卧于碧海白浪之上，华灯初放，如巨龙凌空，使旧金山市的夜空景色更加壮丽。

◀金门大桥

枫叶之国——加拿大

加拿大是北美洲最北的国家,也是世界面积第二大国。加拿大人对枫树特别钟爱,因此有"枫叶之国"的美誉。让我们一起去欣赏漫山遍野的枫叶奇景,去茫茫雪原参加狗拉雪橇的比赛,领略尼亚加拉大瀑布的雄伟壮丽吧!

严寒之都——渥太华

加拿大首都渥太华位于安大略省东南部与魁北克省交界处。渥太华处于低地,平均海拔约 109 米,是世界上最寒冷的首都之一,最低气温曾达零下 39 摄氏度。据统计,渥太华每年约有 8 个月夜晚温度在零摄氏度以下,所以被称为"严寒之都"。

↑ 渥太华

尼亚加拉大瀑布

尼亚加拉大瀑布位于加拿大与美国边境的尼亚加拉河上。它号称世界七大奇景之一,与南美的伊瓜苏瀑布及非洲的维多利亚瀑布合称世界三大瀑布。其以宏伟的气势,丰沛而浩瀚的水汽吸引了许多海内外游客。

↑ 尼亚加拉大瀑布

知识小笔记

地方小档案

国　名:加拿大
面　积:约 998.467 万平方千米
首　都:渥太华

温哥华

温哥华位于加拿大不列颠哥伦比亚省南端，是一座美丽的城市。它三面环山，一面傍海，终年气候温和湿润，环境宜人，是加拿大著名的旅游胜地，为天然不冻的深水港，即使严冬腊月，平均温度也在零摄氏度以上。

▲ 美丽的温哥华

枫树之国

枫树是加拿大的国树，也是加拿大民族的象征。加拿大境内多枫树，每到秋天，满山遍野的枫叶或呈橘黄，或显嫣红，宛如一堆堆燃烧的篝火。加拿大国旗上的枫叶代表了加拿大人对枫叶的钟爱。

◀ 姹紫嫣红的枫树林。加拿大人非常钟爱枫树，在加拿大国旗上，绘有一片 11 个角的红色枫树叶。

仙人掌王国——墨西哥

墨西哥位于北美洲南部,拉丁美洲西北端,境内多为高原地形,冬天不冷,夏天不热,四季万木常青。这里是仙人掌的故乡,全世界的2 000多种仙人掌,墨西哥就有一半以上,因此号称"仙人掌王国"。

墨西哥城

墨西哥城位于墨西哥高原南部特斯科科湖的湖积平原上,海拔2 240米。它是举世闻名的旅游胜地,西半球最古老的城市。市内以及城市周围星罗棋布的古印第安人文化遗迹是墨西哥也是全人类文明历史的宝贵财产。

◀ 奇琴伊察是古玛雅城市遗址,位于墨西哥尤卡坦州南部。

国立人类学博物馆

国立人类学博物馆位于墨西哥城查普尔特佩克公园内,占地12.5万平方米,是拉丁美洲最大和最著名的博物馆之一。馆内以古印第安文物为主,介绍了人类学、墨西哥文化的起源以及印第安人的民族、艺术、宗教和生活。

◀ 墨西哥城

墨西哥金字塔

太阳金字塔和月亮金字塔是墨西哥的重要文化古迹之一，位于墨西哥城北部 40 千米处，是古代阿兹特克人建造的特奥蒂瓦坎古城遗址重要的组成部分。它们以其独特的建筑风格和难解的谜团闻名于世，每年吸引着众多的海内外游客。

◄墨西哥特奥蒂瓦坎古城遗址。图片中最近的是月亮金字塔，远处背景中最大的一座是太阳金字塔。

美丽的蝴蝶谷

蝴蝶谷是墨西哥米却肯州中部的一片山区。每年 11 月初至第二年的 3 月，这片温暖如春的崇山峻岭就成为亿万只美洲王蝶过冬栖息和繁衍后代的家园，形成世界八大自然奇观中的绝妙一景。

◄仙人掌是墨西哥人的标志之一，在墨西哥有特殊的地位，当地印第安人把仙人掌视为神灵而对其顶礼膜拜。

知识小笔记

地方小档案

国　名：墨西哥合众国
面　积：约 196.44 万平方千米
首　都：墨西哥城

仙人掌

仙人掌是墨西哥的国花。在墨西哥，无论是在荒无人迹的旷野，还是在城市的花圃，都可见到千姿百态的仙人掌。墨西哥仙人掌，由于种类繁多，具有多种用途，有的能做成各种菜肴，有的还用来酿酒。有一种巨柱形仙人掌还可以用来解渴。

香蕉大国——哥斯达黎加

哥斯达黎加是北美洲南部一个美丽的小国。它北邻尼加拉瓜,南与巴拿马接壤。因盛产香蕉,有"香蕉大国"之称。让我们去哥斯达黎加品尝那浓香的咖啡,领略可可岛周围海域的"鲨鱼黑帮",认识热情好客的哥斯达黎加人吧!

"花城"圣何塞

哥斯达黎加首都圣何塞位于哥斯达黎加中部,现代建筑与西班牙传统建筑交相辉映,极具异国风味。市内绿树成荫,街道依山而建,两旁是西班牙式别墅,家家户户的庭院里茶花或玫瑰花争奇斗妍,因此有"花城"的美誉。

阿雷纳尔火山

阿雷纳尔火山是哥斯达黎加最具魅力的活火山,因其经常喷发而闻名。火山间断地喷发,晚上看去,岩浆卷着被高温熔化的山石向坡下翻滚,形成了非常诡异却又无比灿烂的"焰火",为中美洲著名的奇观之一,每年吸引很多游客。

★阿雷纳尔火山

知识小笔记

地方小档案

国　名:哥斯达黎加共和国
面　积:5.11万平方千米
首　都:圣何塞

🏔 **伊拉苏火山**

伊拉苏火山是哥斯达黎加著名的旅游胜地，位于首都圣何塞以东约 60 千米处，海拔 3 432 米。其火山口直径 1 050 米，深 300 米，底部有一潭碧绿的积水，上方则烟雾缭绕，气象万千。伊拉苏火山是一座间歇性火山，最近一次喷发是在 1978 年。

🔺伊拉苏火山以自己独特的自然风光和火山奇景吸引着来自世界各地的旅游观光者

🏔 **基督山国家公园**

面朝南太平洋的基督山国家公园，坐落在奥萨半岛的海岸线上。这里与众不同的海湾美洲虎、貘、猩红色的金刚鹦鹉，惊险刺激的沿海热带雨林和人迹罕至的海滩，吸引着世界各地的旅游者。

🔺哥斯达黎加自然保护区光彩艳丽的凤尾绿咬鹃

🏔 **"侏罗纪岛"**

可可岛是世界珍稀动植物保护区，位于哥斯达黎加西南近 500 千米的东太平洋，坐落在古老火山之上，以自然景观和宝藏传说而闻名于世。因为影片《侏罗纪公园》的灵感来源于此，因此该岛有"侏罗纪岛"之称。

🔻哥斯达黎加风光

世界桥梁之国——巴拿马

巴拿马位于中美洲地峡，是连通南北美洲的咽喉，被称为"世界桥梁之国"。让我们去了解热情好客的印第安的乔科族人，观赏世界闻名的巴拿马草帽，领略购物天堂——西半球最大的科隆自由贸易区的繁华吧！

首都巴拿马城

首都巴拿马城位于巴拿马运河太平洋岸河口附近的半岛上，是一座临海靠山、风景如画的海口城市。这里曾经是印第安人的一个小渔村，如今已发展为一个现代化城市。市内建筑古香古色，居民生活简朴悠闲，每年吸引着来自世界各国的游客。

巴拿马草帽

驰名世界的巴拿马草帽原产于厄瓜多尔，这种草帽在巴拿马运河附近最为多见，故称之为巴拿马草帽。巴拿马草帽是用一种名为多基亚的植物编制而成的。该草帽最大的特点是具有柔软细腻的质感，摸起来像丝绸，不变形，没有褶皱痕迹。

位于巴拿马运河太平洋岸河口附近的巴拿马城

巴拿马运河

巴拿马运河

巴拿马运河是世界三大运河之一，位于中美洲的"细腰"——巴拿马。运河全长81.3千米，宛如一条飘逸的蓝色绸带，把北美洲与南美洲连在一起，是沟通大西洋和太平洋的重要通道，有"世界桥梁"之称。

知 识 小 笔 记

地方小档案

国　　名:巴拿马共和国
面　　积:约7.55万平方千米
首　　都:巴拿马城

自由贸易的"天堂"

科隆位于巴拿马运河大西洋一侧的入口处，是巴拿马的第二大城市，位于市区附近的科隆自由贸易区，是西半球最大的自由贸易区，也是仅次于中国香港的世界第二大自由贸易区。这里车水马龙，是全球有名的购物天堂。

巴拿马科隆港

世界糖罐——古巴

古巴位于美洲中部加勒比海西北端，是西印度洋上最大的岛国，由1600多个大小岛屿组成，拥有无数天然良港和海湾。古巴山清水秀，土地肥沃，甘蔗历来为国家经济的支柱，是世界上糖产量和出口量最多的国家，被称为"世界糖罐"。

▶ 哈瓦那建筑

加勒比海的明珠

古巴首都哈瓦那是古巴政治、经济、文化和旅游中心，是西印度群岛中最大的城市，也是世界上最美丽的城市之一。因为这里地处热带，气候温和，四季宜人，所以有"加勒比海的明珠"之称。

▼ 海明威博物馆内部

海明威博物馆

海明威博物馆位于哈瓦那以东大约15千米处，是美国著名作家海明威在古巴最后22年的居所。海明威的名著《老人与海》以及《丧钟为谁而鸣》就是在这里完成的。馆内共保存了2.2万余件海明威生前的物品，供游客参观凭吊。

圣地亚哥

圣地亚哥是古巴第二大城市和第二大海港，位于古巴岛东部，被马埃斯特腊山和加勒比海环抱着。圣地亚哥是一座山城，它景色秀丽，城里倾斜的街道是圣地亚哥的特色，曾为古巴首都。

迷人的巴拉德罗海滩

巴拉德罗海滩是古巴最著名的海滨游览胜地，也是世界上最迷人的海滩之一。柔软细腻的沙滩洁白如雪，白天，游人可以三三两两在草棚和椰树下乘凉，在沙滩和躺椅上享受日光浴。到了晚上，游人可以在轻柔的晚风中欣赏古巴和世界名曲，观赏美妙的桑巴舞。

↓巴拉德罗海滩

知识小笔记

地方小档案

国　名：古巴共和国
面　积：11.09 万平方千米
首　都：哈瓦那

→雪茄

古巴雪茄

雪茄烟草源自古巴，起源于 4 000 多年前的美洲大陆。欧洲人认为只有在古巴产的烟叶和雪茄才是最好的，于是从 1510 年开始，古巴成批量地向欧洲出售。古巴烟厂很多，哈瓦那雪茄代表着古巴雪茄的最高水平，成为古巴雪茄的代名词。

泉水之岛——牙买加

牙 买加是一个位于加勒比海北部的美丽岛国。"牙买加"意为"泉水之岛",这是因为岛上水草丰茂、地下水源丰富而得名。这里拥有驰名世界的蓝山咖啡,无与伦比的自然景观,热情奔放的牙买加人民,让我们去看看吧!

加勒比城市的皇后

牙买加首都金斯敦是世界第七大天然深水良港,旅游疗养胜地。位于东南岸海湾内岛上最高山峰兰山西南脚下,附近有肥沃的瓜内亚平原。城市三面是苍绿的丘陵和山峰,一面是远海碧波,风景如画,被誉为"加勒比城市的皇后"。

知 识 小 笔 记

地方小档案

国　名:牙买加
面　积:约 1.1 万平方千米
首　都:金斯敦

蒙坦戈贝

蒙坦戈贝被牙买加人昵称为"梦湾",是牙买加第二大城市,世界知名的加勒比海休闲度假胜地。世界各地的游客常来此度假,享受水上运动及高尔夫球,领略一望无际的海滩异域风情,其乐融融。

牙买加首都金斯敦

蓝山咖啡

牙买加是咖啡的重要生产国之一，蓝山咖啡是世界上最昂贵的咖啡。位于牙买加东部的蓝山山脉拥有肥沃的火山土壤，空气清新，没有污染，气候湿润，终年多雾多雨，这样的气候造就了享誉世界的牙买加蓝山咖啡。

▶蓝山咖啡拥有所有好咖啡的特点，口味浓郁香醇，市面上一般都以味道近似的咖啡调制。

▲雷鬼乐之父鲍布·玛利。"雷鬼"的名称来自牙买加某个街道的名称，意思是指日常生活当中一些琐碎的事情。

雷鬼乐

雷鬼乐是早期牙买加的流行音乐之一。它不仅融合了美国节奏蓝调的抒情曲风，同时还加入了拉丁音乐的热情，因此从一开始就迅速步入主流音乐。雷鬼对其他各种音乐都有深远的影响，尤其是舞曲方面，影响了全球的舞曲文化。

哥伦布公园

哥伦布公园是哥伦布发现牙买加时最初登陆的地点，称作"发现湾"，是一个可以眺望大海的小山丘，现在辟为公园。这里竖有哥伦布像，并陈列着大炮及炮台等遗迹。另外在 5 千米远处，是当年被英国人打败的西班牙人仓皇逃走之地，称为"逃命湾"。

✦牙买加半岛

非 洲

  非洲是"阿非利加洲"的简称，希腊文"阿非利加"是"阳光灼热"的意思。位于东半球的西南部，地跨赤道南北，西北部的部分地区伸入西半球。面积约为3 020万平方千米，次于亚洲，为世界第二大洲，有"热带大陆"之称。在地理上，习惯将非洲分为北非、东非、西非、中非和南非五个地区。

金字塔之乡——埃及

埃及是世界四大文明古国之一,地跨亚、非两洲,大部分领土位于非洲东北部。埃及是典型的沙漠之国,因为除了土壤肥沃的尼罗河大峡谷和三角洲地区,其余96%的地区都是沙漠。这里有撒哈拉大沙漠和举世闻名的金字塔。

生命之河——尼罗河

尼罗河从南到北贯穿埃及 1 350 千米,被称为埃及的"生命之河"。全长约 6 670 千米,是世界上最长的河流。尼罗河两岸是埃及最富饶的地区,古时候,这里是一派欣欣向荣的景象:渔夫在河里捕鱼,农民们在河岸上收割庄稼。

↑尼罗河帆船

狮身人面像的故事

相传,公元前 2611 年,法老海夫拉巡视自己的陵墓工程时,吩咐为自己雕凿石像。工匠别出心裁地雕凿了一头狮身,而以这位法老的面像作为狮子的头。这就是狮身人面像,如今已成为埃及著名的古迹。

↓狮身人面像和金字塔

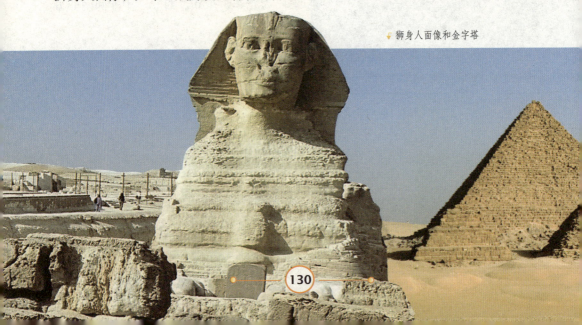

神秘的金字塔

　　埃及金字塔是埃及古代帝王为自己修建的陵墓。在埃及，大大小小的金字塔有80多座，其中最为著名的是尼罗河畔开罗吉萨省的3座大金字塔。它修建于4 500年前，用了20年的时间才完成，法老就被埋葬在金字塔尖顶下面的房间里。

木乃伊

　　古埃及人相信人死后还会有来世，所以为了防止尸体腐烂，他们把尸体用绷带包裹起来，制成木乃伊，以求永生。古埃及人不仅仅把人制成木乃伊，他们还把一些动物也制成了木乃伊，如猫、蛇、河马等。

▲ 木乃伊

▼ 单峰骆驼

知识小笔记

地方小档案

国　名：阿拉伯埃及共和国
面　积：约100.15万平方千米
首　都：开罗

单峰骆驼

　　在埃及巍峨的金字塔脚下，常常可以看到披红挂绿、招揽游客的骆驼。埃及骆驼只有一个驼峰，所以也被称为单峰骆驼。它能帮助人们穿越异常干燥的大沙漠。在埃及首都开罗，街上的骆驼随处可见。

北非花园——摩洛哥

摩洛哥位于非洲西北端，东接阿尔及利亚，南部为撒哈拉沙漠，西濒浩瀚的大西洋，北隔直布罗陀海峡与西班牙相望。摩洛哥常年气候宜人，花木繁茂，是世界著名的旅游胜地，享有"北非花园"的美称。

美丽的"白色之城"

卡萨布兰卡在西班牙语中，意思是"白色的房子"。它是摩洛哥第一大城市和最大港口城市，濒临大西洋，树木四季常青，气候宜人。绵延几十千米的细沙海滩纵贯南北，是最好的天然游泳场。好莱坞电影《卡萨布兰卡》更是让这座白色之城驰名世界。

知识小笔记

地方小档案

国　名：摩洛哥王国
面　积：45.9万平方千米
　　　　（不包括西撒哈拉沙漠）
首　都：拉巴特

哈桑二世清真寺

哈桑二世清真寺坐落在美丽的海滨城市卡萨布兰卡，是世界第三大清真寺。寺内还有全世界最高的宣礼塔，高210米，其中1/3的面积建在海上，以纪念摩洛哥的阿拉伯人祖先自海上来。

◀哈桑二世大清真寺耗资5亿多美元，占地面积9公顷，祷告厅庞大豪华，可同时容纳10万人祈祷。

摩洛哥地毯

摩洛哥地毯世界闻名,其中最好的地毯每平方米要用 10 000 根线来织。摩洛哥地毯色调调和着蓝、红、绿和黄色等丰富的色彩,设计上通常有一个中心主题和错综复杂的滚边。滚边越宽、越复杂的地毯就越贵。

↑ 首都拉巴特是最有名的一个集散中心,除了拉巴特外,多数的地毯都是柏柏尔部落制造的。

"摩洛哥南部明珠"

历史古城马拉喀什是摩洛哥第三大城市,也是南部地区政治中心。它位于国境南部,虽然地处沙漠边缘,但气候温和,林木葱郁,花果繁茂,以众多的名胜古迹和幽静的园林驰名于世,被誉为"摩洛哥南部明珠"。

↑ 历史古城马拉喀什

非斯古城

摩洛哥历史名都非斯,位于国境北部,是摩洛哥国土上最早建立的阿拉伯城市,已有 2 800 多年的历史,被视为伊斯兰教圣地之一。1980 年,该城以精湛的伊斯兰建筑艺术而被列入《世界遗产名录》。

鸟兽乐园——肯尼亚

肯尼亚位于非洲东部,赤道横贯中部,东非大裂谷纵贯南北。因为这里有着大小50多个国家公园和野生动物保护区,仅珍禽异鸟,在纳库鲁湖国家公园中就有350多种,肯尼亚因此素有"鸟兽乐园"之称。

"东非小巴黎"

肯尼亚首都内罗毕享有"东非小巴黎"之称,坐落在海拔1 700多米的中南部高原上。它四季如春,花团锦簇,又有"阳光下的花城"之称。早在80多年前,这里还是一片荒原,如今,已经发展为现代化城市。

↑肯尼亚首都内罗毕

图尔卡纳湖

图尔卡纳湖位于肯尼亚北部,与埃塞俄比亚边境相连。它是东非大裂谷和肯尼亚最大的内陆湖,东非第四大湖泊。图尔卡纳湖被认为是一个鱼资源极其丰富的鱼场,盛产尖吻鲈、虎鱼以及多鳍鱼等。

↓肯尼亚北部图尔卡纳湖

↑蒙巴萨老城区建于 20 世纪 50 年代的巨型象牙雕塑

东非最大港

　　蒙巴萨是肯尼亚第二大城，东非最大港口。位于肯尼亚东南部沿海，东临印度洋，是进入肯尼亚内地的门户，距肯尼亚首都内罗毕 480 千米。蒙巴萨是东非最著名的古城之一，最早为阿拉伯人所建。

火烈鸟的天堂

　　纳库鲁湖位于肯尼亚西部，是肯尼亚自然保护区之一。这里栖息着许多珍禽奇鸟，而最富盛名的就是火烈鸟了。这里的火烈鸟占世界火烈鸟总数的 1/3，有 200 多万只，是"火烈鸟的天堂"。

知识小笔记

地方小档案

国　名：	肯尼亚共和国
面　积：	约 58 万平方千米
首　都：	内罗毕

→纳库鲁湖是火烈鸟的天堂，这里还栖息着其他许多珍禽奇鸟。

丁香之国——坦桑尼亚

"丁香之国"坦桑尼亚是东非最大的国家。它位于非洲东部、赤道以南。在这里,你可以见到非洲大陆最高的山,最深的湖,欣赏白雪皑皑的山脉,形态万千的珊瑚礁岛,又可以感受灵长类动物栖息的原始热带雨林,一起去看看吧!

国花丁香

丁香被誉为坦桑尼亚的国花。坦桑尼亚的丁香产量占世界总产量的 80%以上,是世界上最大的丁香生产国和出口国,因此拥有"丁香之国"的雅称。

▶ 丁香花

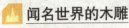

闻名世界的木雕

坦桑尼亚的木雕艺术历史悠久,雕刻技艺精湛,其中以乌木雕刻最为著名。乌木又叫黑檀木,是世界上最坚硬最珍贵的树种之一。在非洲形形色色的乌木品种中,坦桑尼亚乌木的品质最好,而精细的做工以及栩栩如生的造型,更是令人叹为观止。

▲ 坦桑尼亚木雕。走进坦桑尼亚的乌木雕刻艺术品商店,这里几乎每一件作品都令人拍案叫绝。

◢ 坦桑尼亚恩戈罗恩戈罗火山自然保护区

乞力马扎罗山

乞力马扎罗山是非洲最高的山脉，是一个火山丘，海拔 5 895 米，素有"非洲屋脊"之称。它位于坦桑尼亚乞力马扎罗东北部，邻近肯尼亚，是坦桑尼亚与肯尼亚的分水岭，距离赤道仅 300 多千米。

→乞力马扎罗山

知识·小·笔记

地方小档案

国 名： 坦桑尼亚联合共和国
面 积： 约94.5万平方千米
首 都： 达累斯萨拉姆，新首都多多马在建设中

迷人的纳特龙湖

迷人的纳特龙湖地处坦桑尼亚北部与肯尼亚的交界处，位于阿鲁沙西北面 113 千米的东非大裂谷。湖长 56 千米，宽 24 千米，有盐、苏打、菱镁矿等矿藏。湖水温暖，成为大裂谷红鹳理想的繁殖场所。

东非大裂谷

东非大裂谷是非洲的地理奇观，是世界上最大的断裂带，约 3 000 万年前的地壳板块运动、地层断裂而形成。东非大裂谷横贯在非洲东、南部，其中以肯尼亚境内及坦桑尼亚北部一段的地貌特征最为显著。

↓东非大裂谷

黄金宝石之国——南非

南非位于非洲大陆的最南部,是一个多彩多姿的国度,也是世界上唯一一个同时存在3个首都的国家。由于南非的黄金和钻石生产和出口均居世界前列,所以有"黄金宝石之国"之誉。举世闻名的好望角就位于这里,让我们去看看吧!

鸵鸟蛋工艺品

南非的鸵鸟蛋工艺品举世闻名,是南非第三大旅游纪念品,仅次于黄金和钻石。南非的能工巧匠们在鸵鸟蛋上绘上各种人物、动物、树木花草、山水风光,把鸵鸟蛋壳雕刻成精美的雕塑和灯罩。

▲ 鸵鸟蛋工艺品

好望角

好望角地处非洲南非共和国南部,位于大西洋和印度洋的汇合处。"好望角"的意思是"美好希望的海角",但这里却是世界上最危险的航海地段。苏伊士运河通航前,来往于亚欧之间的船舶都经过好望角。1939 年,这里成为自然保护区。

▲ 以气候恶劣、海浪滔天闻名的好望角。

克鲁格国家公园

克鲁格国家公园是南非最大的野生动物园，位于德兰士瓦省东北部。园内一部分为多岩石的开阔草原，一部分为森林和灌木丛，北部还有众多温泉。在园中一望无际的旷野上，分布着许多大象、狮子、犀牛、鸟类等异兽珍禽，此外，还有非洲独特的猴面包树。

↑ 充满异域风情的猴面包树。猴面包树树冠巨大，树形壮观，果实甘甜多汁。

↑ 祖鲁族的舞蹈家

祖鲁族

祖鲁族是非洲的一个重要的民族，主要居住于南非的夸祖鲁—纳托尔省。祖鲁王国是 19 世纪南非历史中的一个重要角色。祖鲁族在南非曾经受到严重歧视，但现在，祖鲁是南非人口最多的种族，与其他南非人民享有相同的权利。

知识小笔记

地方小档案

国　名：南非共和国
面　积：约122万平方千米
首　都：比勒陀利亚为行政首都
　　　　开普敦为立法首都
　　　　布隆方丹为司首都

太阳城

在南非第一大城约翰内斯堡西北部，隐藏着一个神秘、令人充满幻想的世外桃源——太阳城。太阳城是南非的著名旅游胜地，这里有创意独特的人造海滩浴场、惟妙惟肖的人造地震桥、世界级高尔夫球场和人工湖。

↓ 太阳城的皇宫酒店

腰果之国——莫桑比克

莫桑比克位于非洲东南部。和大多数炎热干燥的非洲国家不同，这里气候温和，阳光充沛，没有大涝或大旱，非常适合腰果树生长。腰果给莫桑比克人带来可观的财富，莫桑比克也因此成为世界上独一无二的"腰果之乡"。

美丽的马普托海滩

马普托海滩非常迷人，是莫桑比克著名的旅游胜地。这里海水明净，海岸线漫长，当地人给这片海滩起了个很好听的名字——"阳光海滩"。每逢退潮，海边就会出现大片宽宽的沙滩，大片的沙洲在阳光照耀下，仿佛金色的海洋。

"吃猫鼠"的老家

莫桑比克生活着一种"吃猫鼠"，它能从嘴里喷出一股具有麻醉性的唾液，猫接触后浑身发抖，瘫倒在地。吃猫鼠趁机跳上去，咬断猫的喉管，吸尽猫血，再把猫拖到鼠洞去美餐。

知识小笔记

地方小档案

国　名：莫桑比克共和国
面　积：80.16 万平方千米
首　都：马普托

莫桑比克首都——马普托，位于国土南端，临印度洋马普托湾。

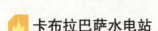

卡布拉巴萨水电站

卡布拉巴萨水电站位于莫桑比克境内赞比西河上游，是非洲第一大发电站。电站具有发电、灌溉、航运、防洪等多种作用。枢纽主体建筑物包括一座双曲拱塌和两座地下厂房。

↟ 莫桑比克古老的历史中心广场

莫桑比克海峡

莫桑比克海峡位于莫桑比克与马达加斯加之间，是世界上最长的海峡，全长1 670 千米。莫桑比克海峡是从南大西洋到印度洋的海上交通要道，海里盛产龙虾、对虾和海参，并以其肉质鲜嫩肥美而享誉世界市场。

马普托火车站

莫桑比克有一个古老的火车站，即马普托火车站。它是由法国著名土木工程师埃菲尔设计的，建于 1910 年。这座具有近百年历史的火车站至今仍在使用，是马普托市内最典雅的建筑之一。

◂ 已经具有百年历史的马普托火车站

印度洋的明珠——毛里求斯

毛里求斯是非洲东部一个岛国，位于印度洋西南部。这里拥有金色的沙滩、湛蓝的海水、美丽的珊瑚礁、碧绿无垠的甘蔗田，享有"印度洋的明珠"之美誉。美国作家马克·吐温曾说："上帝先创造了毛里求斯，再仿照毛里求斯创造了伊甸园。"

风景秀丽的路易港

毛里求斯首都路易港位于毛里求斯岛西北部，是毛里求斯的主要港口。港口西北临印度洋，东南依耸立的山峦，使它成为景色秀丽的天然良港。市内建筑新旧交错，互相辉映，既有现代化的玻璃墙大厦，也有古典的欧洲式建筑物。

热情绚丽的塞卡舞

享誉世界的塞卡舞是毛里求斯特有的一种舞蹈，被毛里求斯人视为国宝。塞卡舞热情奔放，绚丽多姿，一般多以女子舞蹈为主，男子进行乐器伴奏和歌唱。如今，塞卡舞已经成为人们非常喜爱的非洲特定舞蹈形式之一。

◀ 毛里求斯塞卡舞蹈表演

◢ 首都路易港

↑ 渡渡鸟又称嘟嘟鸟、毛里求斯渡渡鸟，是除恐龙之外最著名的已灭绝动物之一。渡渡鸟是仅产于毛里求斯岛上一种不会飞的鸟。

渡渡鸟

渡渡鸟是毛里求斯的特产，也是毛里求斯的象征，现已绝种。国徽、钱币、纪念品、艺术品、广告和俱乐部的名牌上，到处都能看到它的形象。政府希望以此提醒人们，不要让其他野生动植物重复上演渡渡鸟的悲剧。

粉红鸽子

毛里求斯的粉红鸽子是世界上最珍稀的鸟类之一。粉红鸽子原来广泛分布于毛里求斯的森林里，后来由于环境恶化，濒临灭绝。近年来，在毛里求斯政府的一系列保护措施下，粉红鸽子的数量开始增加。

美丽的鹿岛

鹿岛在毛里求斯的东部海岸，是毛里求斯最著名的度假地之一，据说是因为以前有人在这里养过鹿而出名。岛上最著名的是一个浅水沙滩，接近足球场这么大的地方，海水只到膝盖左右深，清澈见底。

→ 毛里求斯东海岸鹿岛

知 识 小 笔 记

地方小档案

国　名：毛里求斯共和国
面　积：0.204 万平方千米
首　都：路易港

微型非洲——喀麦隆

喀麦隆是一个多部族国家,位于非洲中西部,全境类似三角形,大多是高原和山地。喀麦隆风光旖旎,民族众多,旅游资源丰富,浓缩了非洲大陆多种地貌和气候类型以及文化特征,素有"微型非洲"的美称。

首都雅温得

喀麦隆首都雅温得坐落在喀麦隆中部高原偏南的丘陵地区,市内岗峦重叠,历史悠久,有海拔 700 米以上的山头 7 座,从山顶俯视,鳞次栉比的住房依山而建,层次分明地掩映在绿树丛中,组成一幅幅美丽的几何图案。

知识小笔记

地方小档案

国　名:喀麦隆共和国
面　积:约47.6万平方千米
首　都:雅温得

喀麦隆火山

喀麦隆火山位于喀麦隆高原中西部,是非洲著名的活火山,海拔 4 070 米,是非洲中西部最高峰。火山呈椭圆形,像一个庞大的圆丘矗立在大西洋边上。火山周围坡缓,土质肥沃,林木苍翠,景色清雅,历来是游客云集的地方。

▼喀麦隆公民坐在喀麦隆火山口观望

↑ 统一纪念塔

统一纪念塔

统一纪念塔是雅温得著名的纪念性建筑，是为纪念喀麦隆联合共和国成立而建造的。1972年开放，整个建筑呈螺旋锥体状。塔身高10多米。纪念塔的主要入口处是一组石刻群雕，底层是一个大厅，大厅两边各有一螺旋形阶梯可登上顶端。

德加动物保护区

德加动物保护区位于喀麦隆南部高原的中心地区，面积52.6万公顷，是非洲最大的和最好的雨林之一。保护区内热带森林浓密苍郁，野生动物数量和种类众多，如今已经成为喀麦隆著名的旅游胜地，每年都吸引大批来自世界各地的游客。

布埃亚

布埃亚位于著名的喀麦隆火山西麓，坐落在海拔近1 000米的山腰上，是一座美丽的现代化城市。城市倚山而建，一幢幢白墙红瓦掩映在绿树丛中，溪水潺潺，恬静秀丽，气候凉爽，是喀麦隆著名的旅游避暑胜地。

↓ 喀麦隆是个被原始热带雨林覆盖，拥有许多秘境的中非小国，被西方媒体誉为"非洲最美、最神秘的地方"。

铜矿之国——赞比亚

赞比亚位于非洲中南部，东非大裂谷以西，是一个内陆国家。赞比亚矿藏丰富，盛产铜矿，是世界第四大产铜国，被誉为"铜矿之国"。这里有丰富的野生动物资源，更拥有举世闻名的维多利亚大瀑布，让我们去看看吧！

美丽的卢萨卡

赞比亚首都卢萨卡位于国境中南部高原。这里风景秀丽，气候温和，街道宽阔平坦，高楼鳞次栉比，到处绿地茵茵，鲜花锦簇，还有高大的热带植物，所有这些将这座城市装扮得十分美丽，使卢萨卡成为世界著名的花园城市。

▶卢萨卡的妇女在温室中收集玫瑰进行出口

壮观的维多利亚瀑布

维多利亚瀑布是世界三大瀑布之一，位于非洲第四大河赞比西河的转折处，距离赞比亚的利文斯顿市 11 千米。维多利亚瀑布实际上是一个庞大的瀑布群，由五条将近百米的大瀑布组成。

▶著名的维多利亚瀑布是联合国世界遗产之一

赞比西河

在卢萨卡南面，赞比亚与津巴布韦接壤处，横卧着一条河流，它就是非洲第四大河——赞比西河。它流经赞比亚 3/4 的国土，几个世纪以来，这条大河一直被赞比亚人奉为神灵，它是赞比亚的灵魂，被人们誉为"母亲河"。

↓ 赞比西河

知识小笔记

地方小档案

国　名：赞比亚共和国
面　积：75 万平方千米
首　都：卢萨卡

黑猩猩庇护所

黑猩猩庇护所位于喀辅埃河上游的野生动物孤儿院中。曾经，数百万只黑猩猩在非洲赤道的森林中悠闲漫步，但如今，它们却已濒于灭绝。目前，在黑猩猩庇护所里有 50 多只黑猩猩。

↑ 黑猩猩

热情的赞比亚人

赞比亚人注重礼仪，热情好客。每当他们遇见外国客人，即使是初次相识，也会主动打招呼，热情问候，握手致意。在农村地区，妇女们遇见外国女宾客时，热情问候之后便围着女宾转圈，嘴里发出有节奏的尖叫声。

猴面包树的故乡——马达加斯加

马达加斯加位于印度洋西南部,隔莫桑比克海峡与非洲大陆相望,是世界第四大岛。马达加斯加的猴面包树以高大粗壮、造型奇特而闻名,目前全世界只有马达加斯加岛还保存有成片的猴面包树林,因此有"猴面包树的故乡"之称。

首都塔那那利佛

首都塔那那利佛坐落在马达加斯加中部高原一个马蹄形的山脊上,是一个接近赤道的高原城市。塔那那利佛是全国最大的城市,也是一座具有亚、非、欧三大洲混合风格的城市。

→塔那那利佛街景

→冠狐猴

珍奇动物——狐猴

珍奇动物狐猴目前只生存在马达加斯加岛和科摩罗两地。马达加斯加的狐猴大约有 40 多种,有的小巧玲珑,可以装进烟盒内,有的足有半米多长。它头部像狐,体型与生活习性又与猴子相仿,属于原始种类的动物。

猴面包树是地球上古老而独特的树种之一

变色龙

全世界变色龙的种类约有 160 种，其中有近一半的种类分布在马达加斯加。变色龙是一种"善变"的树栖爬行类动物，在自然界中它当之无愧是"伪装高手"，为了逃避天敌的侵犯和接近自己的猎物，它会根据外界环境的变化而改变自己皮肤的颜色。

牛的王国

马达加斯加人对牛有着一种特殊的，近乎狂热的崇拜。牛常常作为财富的标志，而牛头则是国家的象征，因此该国有"牛的王国"之称。牛像孩子一样要接受洗礼，而且在马路上，如果汽车与牛群相遇，汽车必须给牛群让道。

知 识 小 笔 记

地方小档案

国 名：马达加斯加共和国
面 积：59 万平方千米
首 都：塔那那利佛

马达加斯加岛上青贝马哈拉的红色石灰岩立柱

马达加斯加岛

马达加斯加岛位于非洲大陆的东南海面上，是仅次于格陵兰、新几内亚和加里曼丹的世界第四大岛，隔莫桑比克海峡与非洲大陆相望。马达加斯加岛上生活着许多在地球上其他地方早已绝迹的珍禽和生物，有"活化石之岛"之称。

马达加斯加岛的棕榈

印度洋上的天堂——塞舌尔

塞舌尔是一个迷人的群岛国家，位于印度洋西部，地处欧、亚、非三大洲中心地带，是亚非两洲的交通要冲。它由 115 个大小岛屿组成，全境 50% 以上的地区被辟为自然保护区。这里的海滩一望无垠，四季阳光灿烂，让我们去看看吧！

维多利亚

塞舌尔首都维多利亚是塞舌尔唯一的城市，坐落在马埃岛的东北角，城市依山傍水，环境幽雅秀丽，建筑典雅，小巧玲珑。维多利亚既是国际海运重要的中继站，又是重要的渔港和椰子、肉桂、香草和腌鱼的集散地。

→塞舌尔首都维多利亚鸟瞰图

↑巨龟

巨龟天堂

塞舌尔是陆上巨龟的天堂，有数量多到无法计算、体积大过一张饭桌的巨龟。阿尔达布拉岛是著名的"龟岛"。岛上生活着数以万计的大海龟：身长 2 米，体重 200 ~ 500 千克，人们把它们叫作"象龟"。

最大的岛屿

马埃岛是塞舌尔的第一大岛，这里奇峰幽谷，巍峨多姿，随处可见的奇岸异石，有的似睡狮，有的如奔马，惟妙惟肖，让你不由感叹大自然的奇异造化。这里还拥有世界一流的天然浴场，是进行海水浴、日光浴、风浴和沙浴的最理想地方。

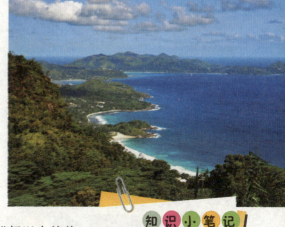

▶马埃岛风景

旅游胜地

塞舌尔是旅游度假的圣地，它的海滩浴场以自然美丽而举世闻名，英法等欧美国家的富人们视这里为他们的世外桃源。据岛上人讲，世界上排名前十位的著名海滩，塞舌尔就占有三个。

知 识 小 笔 记

地方小档案

国　名：塞舌尔共和国
面　积：455.39 平方千米
首　都：维多利亚

"国宝"海椰子树

海椰子树是塞舌尔闻名世界的一种神奇的植物。它高五六米，有雌雄之分，雄树高拔，雌树娇小，生长速度都极为缓慢，从幼株到成年需要 25 年的时间。有趣的是，如果雌雄中的一株被砍，另一株便会"殉情而死"。

▶海椰子

▶塞舌尔群岛

可可之乡——加纳

加纳位于非洲西部，几内亚湾北岸，国土呈长方形，地形南北长、东西窄。"加纳"一词是沿用这个国家历史上一个古老的国名。加纳是举世闻名的"可可之乡"，种植可可已有一百多年的历史，在加纳，到处都可以看到可可种植园。

◀ 阿克拉海滩市场上拥挤的渔船

海滨城市阿克拉

加纳首都阿克拉是加纳最大的城市港口，位于国境东南部，坐落在西非大西洋几内亚湾畔。这是一座已有 500 多年历史的城市，城市风光秀丽，阳光绚丽。漫步阿克拉海滨，只见一颗颗棕榈树矗立海天，随风摇曳，充满浓郁的异域风情。

沃尔特河

沃尔特河是西非第二大河，全长 1 600 千米。沃尔特河的上源支流穿过萨瓦纳草原进入了加纳国境内，贯穿整个加纳，在加纳境内有 1 100 千米，热带植物簇拥着美丽的沃尔特河，构成了加纳的独特风光。

◆ 沃尔特河

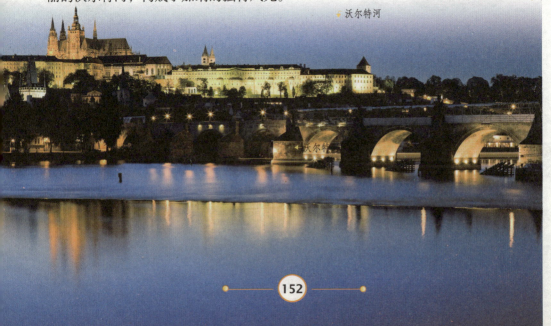

埃尔米纳奴隶堡

埃尔米纳奴隶堡位于加纳首都以西 130 千米，这是一座依山傍海、规模宏伟的古堡，也是加纳最古老、西非极其有名的城堡。它早先是欧洲殖民者掠夺黄金的总部，随着奴隶贸易的兴起，它又成为囚禁奴隶并进行奴隶贸易的重要据点。

▸埃尔米纳奴隶堡

"黄金海岸"

加纳资源富饶，盛产黄金，是世界上著名的黄金产地，金匠的工艺在非洲也是数一数二，加纳因此有"黄金海岸"的美称。在加纳人的生活中，处处都和黄金有关。许多加纳妇女都带着金首饰；人际交往，赠送金质工艺品，也被视为时髦而高雅的举动。

地方小档案

国　名：加纳共和国
面　积：23.85 万平方千米
首　都：阿克拉

▴加纳盛产黄金，有"黄金海岸"之称。

▾埃尔米纳海港

崇拜凳子

如同中国人崇拜龙一样，加纳人崇拜凳子。对加纳人来说，凳子既是日常用品，也是漂亮的工艺品和珍贵的馈赠品。在加纳许多地方，青年男子向青年女子求婚，必须送去他自己精雕细刻的凳子作为信物，如果姑娘收下了，就说明愿意这桩婚事。

大洋洲

　　大洋洲又称为澳洲，是指太平洋三大岛群，即波利尼西亚、密克罗尼西亚和美拉尼西亚三大岛群，并包括澳大利亚、新西兰和新几内亚岛，共约1万多个岛屿。陆地总面积约897万平方千米，是世界上面积最小的一个洲。大部分处在南、北回归线之间，绝大部分地区属热带和亚热带。

袋鼠王国——澳大利亚

澳 大利亚位于南太平洋和印度洋之间，是地球上最古老的大陆，也是全球最富裕、经济最发达的国家之一。这里拥有奇特壮观的大堡礁，种类繁多的珍禽异兽，一望无际的草原，形状各异的珊瑚岛，让我们一起去看看吧！

艾尔斯岩

号称"世界七大奇景"之一的艾尔斯岩位于澳大利亚中北部，高 348 米，长 3 000 米，是世界最大的整体岩石。它气势雄峻，犹如一座超越时空的自然纪念碑，突兀于茫茫荒原之上，在耀眼的阳光下散发出迷人的光辉。

艾尔斯岩

悉尼歌剧院

驰名世界的悉尼歌剧院屹立于悉尼港畔的贝尼朗岬角之上。它三面临水，背倚植物园，犹如一组扬帆出海的船队，又如一枚枚白色巨形贝壳，是全世界最大的表演艺术中心之一。自建成 30 多年以来，一直以造型新颖而著称于世。

悉尼歌剧院

卡卡杜国家公园

卡卡杜国家公园位于澳大利亚北部，这里动植物种类繁多，仅红树属植物就有 22 种，飞禽种类超过 280 种。此外，公园内还有鸭嘴兽、袋鼠等澳大利亚特有的生物，以及 2 万年前的山崖洞穴间的原始壁画。

▶卡卡度国家公园岩画

知识小笔记

地方小档案

国　名：澳大利亚联邦
面　积：769.2 万平方千米
首　都：堪培拉

袋鼠

澳大利亚是袋鼠最多的国家，有些种类为澳大利亚独有，被澳大利亚人视为国家的象征。袋鼠不会行走，只会跳跃，或在前脚和后腿的帮助下奔跳前行。袋鼠属夜间生活的动物，通常在太阳下山后几个小时才出来寻食。

◀袋鼠每年生殖 1～2 次，刚出生的小袋鼠非常微小，一直待在袋鼠妈妈的保育袋内 6～7 个月，才开始短时间地离开保育袋学习生活。1 年后才能正式断奶，离开保育袋。

大堡礁

大堡礁位于澳大利亚东北部，是世界上规模最大、景色最美的珊瑚礁群，世界七大自然景观之一，也是澳大利亚人最引以为自豪的天然景观，被誉为"透明清澈的海中野生王国"。1981 年，联合国教科文组织将大堡礁列入《世界遗产名录》。

▶空中拍摄到的大堡礁

世界边缘之国——新西兰

美丽的岛国新西兰位于太平洋西南部，介于南极洲和赤道之间，是一个经济发达的国家。新西兰是世界上最南端的陆地，有"世界边缘之国"的称呼。在这里你将品尝到美味的新西兰甜点，观赏碧水倒影的迷人湖泊，认识热情好客的毛利人！

毛利人

新西兰的原住民毛利人至今保留着独特习俗。每当客人来访时，一名威武的勇士就在客人面前一边挥舞长矛，一边瞪起双眼、口吐长舌，以示对造访者的诚意。传说，以前毛利人吐舌头是为吓退野兽。现在，如果你不被吓跑，好客的毛利人就会把你视为贵宾，用碰鼻礼和歌舞来欢迎你。

▲毛利人有一种独特的舞蹈，被称为"哈卡"，这种舞蹈来源于古毛利土著武士的站舞。

首都惠灵顿

新西兰首都惠灵顿是世界上处于最南端的首都，位于新西兰北岛的最南端，扼库克海峡咽喉。它三面青山环绕，一面临海，怀抱着尼科尔逊港。整个城市满目苍翠，空气清新，四季如春，是太平洋著名的旅游胜地。

▲惠灵顿的尼科尔逊港是仅次于奥克兰的全国第二大港，港区面积达 83 平方千米，可停泊万吨巨轮。

极限探险运动

　　新西兰的极限运动与探险旅行非常有名。早在1988年，南岛的皇后镇便建立了全球第一座商业化的高空弹跳场。登山也是颇为流行的运动，最有名的登山家是艾德蒙·希拉里爵士，他是全球第一位成功攀登珠穆朗玛峰峰顶的人。

◄新西兰登山家和探险家艾德蒙·希拉里爵士

知识小笔记

地方小档案

国　名：新西兰
面　积：约27万平方千米
首　都：惠灵顿

橄榄球

　　橄榄球是新西兰最受欢迎、影响最大的体育运动，新西兰国家橄榄球队因其一身全黑色的标志性队服而被称为"全黑队"。新西兰国家队曾经夺取过橄榄球世界杯冠军，并且长期名列世界前茅。2011年，橄榄球世界杯赛将在新西兰举行。

►橄榄球比赛

马瑟森湖

　　马瑟森湖号称是新西兰最美丽的湖泊，位于福克斯冰河村以南6千米处，以"镜湖"著称。在晴朗无云的日子，可以清楚地看到新西兰的最高峰库克山和塔斯曼山的倒影，湖面如银镜般美丽，令人难忘。

◄风景如画、碧水倒影的马瑟森湖。

魅力无限的